阅读成就思想……

Read to Achieve

超级汇报力

工作汇报、复盘、述职全攻略

陆伟庆 著

中国人民大学出版社
· 北京 ·

图书在版编目（C I P）数据

超级汇报力 : 工作汇报、复盘、述职全攻略 / 陆伟庆著. -- 北京 : 中国人民大学出版社, 2025. 6.

ISBN 978-7-300-33970-2

Ⅰ. B026-49

中国国家版本馆 CIP 数据核字第 20259P1Z11 号

超级汇报力：工作汇报、复盘、述职全攻略

陆伟庆 著

CHAOJI HUIBAOLI : GONGZUO HUIBAO、FUPAN、SHUZHI QUANGONGLUE

出版发行	中国人民大学出版社		
社　　址	北京中关村大街 31 号	**邮政编码**	100080
电　　话	010-62511242（总编室）		010-62511770（质管部）
	010-82501766（邮购部）		010-62514148（门市部）
	010-62511173（发行公司）		010-62515275（盗版举报）
网　　址	http://www.crup.com.cn		
经　　销	新华书店		
印　　刷	北京联兴盛业印刷股份有限公司		
开　　本	890 mm×1240 mm　1/32	**版　次**	2025 年 6 月第 1 版
印　　张	8　插页 2	**印　次**	2025 年 6 月第 1 次印刷
字　　数	168 000	**定　价**	79.90 元

前言

打造有影响力的超级工作汇报

我们几乎每天都要面对领导、客户或其他部门的同事汇报工作进度和业务状况。有人曾开玩笑说，每天工作中有 70%~80% 的时间在沟通，而其中可能有一半时间是在汇报工作。

这也反映了职场中的现状：一方面，工作中汇报出现的频次越来越高，也越来越重要；另一方面，我们似乎从未在学校或公司里学习过汇报的关键技巧和方法，一旦需要汇报时就会手足无措。

甚至汇报已经成为很多人的一种“煎熬”和“折磨”，他们不想汇报，也不会汇报，这自然极大影响了他们的工作效率和状态。人们在工作中选择逃避汇报，往往是因为有一些念头在作怪（见图 I–1）。

图 I–1 错误的汇报认知

图中这些想法看上去挺有道理的，却忽略了领导之所以要定期听下属汇报，是为了从汇报中获得掌控感和安全感。

掌控感指的是领导充分了解下属的工作状态，包括工作状况、项目进度、面临的问题挑战等，这样便于做出后续管理决策。

安全感主要针对工作中的突发事件和棘手问题。通过汇报让领导及时了解问题，可以利用领导的能力和资源来控制事态或解决问题。同时，汇报者还能巧妙展示自己的工作干劲和成果，赢得领导的信任。

尤其是对职场新人而言，如果能抓住机会展示个人的能力和绩效，就既能让领导了解工作状况，也能全方位展现自己的长处和优势。

比如领导问起你的工作状况时，你能把几个月来参与的项目细节、感受体会和学习经历条理清晰、言简意赅地做一番介绍，并提出自己观察到的现象和思考，那么自然可以给领导留下深刻的印象。之后，领导肯定也愿意给你更多成长的机会。

摆脱“会做不会说”的窘境

我的工作主要与人力资源相关，每到年末，总会有同事来找我，请教我年终绩效汇报该怎么做。不知道大家是否也有类似的困惑：明明工作表现还不错，但面对领导就不知道怎么讲了。

下面是同一个汇报的不同版本，你更倾向于哪个呢？

汇报小案例

版本 A

领导：小王，今年你觉得自己的工作表现怎么样?

小王：领导，年初交代的任务我都按时完成了，几个项目也都做得还行，工作中我也学到了不少，总体来说都还不错。

领导：就这样，能具体点吗?

版本 B

领导：小王，今年你觉得自己的工作表现怎么样?

小王：领导，今年我觉得个人的工作表现还不错。年初设定的四项关键工作任务我都顺利完成，也达到了预设的 KPI 指标。另外在产品开发方面，我们团队齐心协力，研制出了优于市场同类产品的新一代产品，获得了良好的市场反馈。同时我个人在工作中也学到了很多新知识和技巧，尤其是在如何与其他团队有效沟通上有了更深的认识，这也得益于同事和领导的帮助。关于今年整体的工作情况，我做了几张幻灯片供您参考……

领导：非常不错，看来你今年成长了不少，后续继续努力!

如果你是领导，你会更喜欢哪个版本呢?

版本 A 缺少总体结论、关键信息、亮点成果和其他辅助性资料，显得单薄无力。而版本 B 则具体翔实地从日常工作和个人成长两方面介绍了今年的收获，感谢了领导，还有备无患地准备了汇报材料。相信大家会更喜欢版本 B。

在工作中，我们要摆脱“会做不会说”的窘境，不仅要注意提升专业能力，还要学会通过汇报有效展示自我，获得机会。

本书的内容结构

通过本书，我将向各位读者展示在工作中做好汇报的核心思维、关键技巧、结构化框架和有效工具，帮助大家从三个方面打造有影响力的超级工作汇报。

1. 重新认识汇报，学会运用科学有效的方法和工具进行汇报。
2. 在不同汇报场景中，快速有效构建逻辑清晰、重点突出的汇报结构，达成汇报目标。
3. 告别缺少重点的平庸汇报，让读者能够运用多种技巧，凸显工作中的重点和亮点。

本书共分为三篇，分别是原理篇、结构篇和优化篇。

原理篇

为大家揭晓打造优秀汇报的关键要点

- 第1章：做好汇报的三个关键要点，日常汇报中容易踩的“陷阱”，需要了解的“规则”，自测问卷帮助读者了解自己的现状。
- 第2章：做工作汇报前需要提前做好的准备工作，包括明确汇报的目的、分析汇报听众的需求和准备汇报需要的素材。

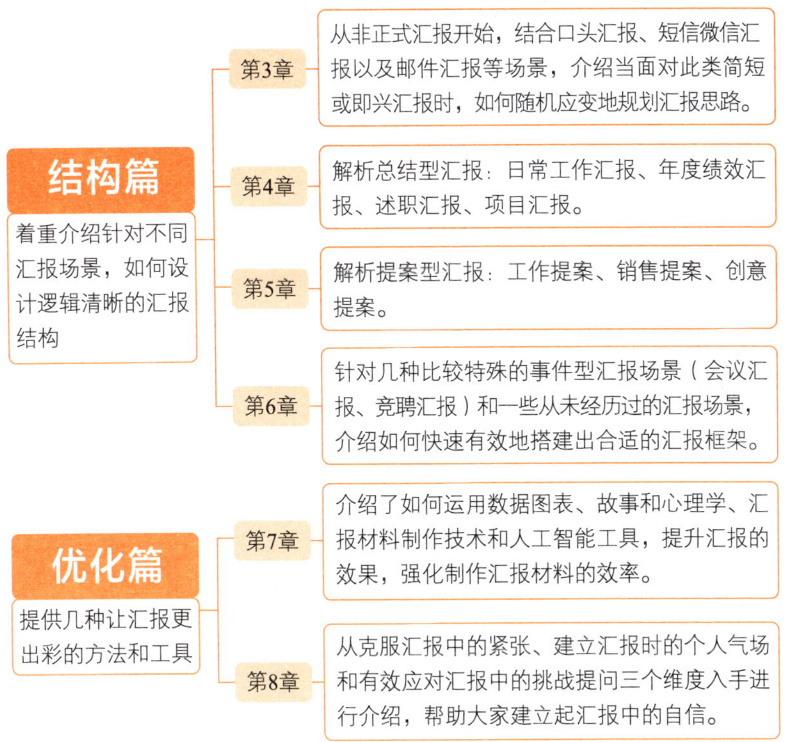

英国作家格拉德威尔在他的著作《异类》提出了“一万小时定律”，这个“一万小时定律”曾吓退不少人。如果说提升汇报能力需要花费一万小时的话，估计没有多少人能够坚持下来。好消息是，要想做出好的汇报，你并不需要成为汇报方面的天才，你只需要一定程度地提升汇报能力，超过身边大部分同事即可。真正需要花费的时间只是一万小时中的很少一部分时间。

想要成为汇报达人，最简单的方法就是结合书中介绍的各种方法和工具，刻意练习（见图 I–2），认真做好每一次汇报，仔细观察身边的每一次汇报，用心思考决定汇报成败的关键因素，不断提升自己的汇报能力。

图 I–2　刻意练习的三个维度

现在，就让我们开启一场提升汇报能力的学习之旅吧！

目录

原理篇　优秀工作汇报的关键要点

优化篇　锦上添花，让你的汇报更出彩

原理篇

优秀工作汇报的关键要点

花一秒钟就看透事物本质的人，和花一辈子也看不清事物本质的人，注定是截然不同的命运。

——电影《教父》台词

第 1 章

掌握优秀工作汇报的底层逻辑

我现在的工作是教人如何演讲、汇报和表达，但在我刚踏入职场的时候，我完全没有意识到这件事如此重要，有时我甚至还会躲得远远的。

记得有一次领导外出无法参加一个会议，便让我作为代表旁听。领导回来后把我叫到办公室，让我汇报一下会议的内容，结果我大脑里一片空白，只能满脸通红、语无伦次地挤出几个毫无意义的词，领导听了后只是摇摇头。

若干年后，当我看到同样的场景再次发生在一些职场新人身上时，不禁感慨：为什么没有人告诉我们汇报很重要，也没有人教我们该如何做好汇报？

我认为建立对汇报的正确认知，掌握做好优秀汇报的底层逻辑，是帮助我们提升汇报能力的核心关键。

提升工作汇报能力，打造职场影响力

工作汇报，是把工作状态、过程或结果报告给上级及相关人员，让其知道并做出后续安排。

每天在我们的身边，会发生许多不同的汇报场景。通过有效的汇报，我们可以实现以下这些功能。

沟通桥梁 帮助管理层了解工作进展、成果以及遇到的问题，让员工有机会表达自己的意见和需求。

展示成果 员工可以展示个人工作成果和贡献，这对于提升个人在团队和组织中的认可度至关重要。

问题解决 员工可以提出工作中遇到的问题，获得管理层支持和资源，从而更有效地解决问题。

团队协作 有助于团队成员之间信息共享，增强团队协作，确保团队目标的实现。

反馈获取 通过汇报员工可以获得来自上级的反馈，这些反馈有助于个人技能和职场经验的提升。

职业发展 可以记录员工职业发展，展示其成长轨迹和潜力，实现员工晋升和长远的职业规划。

虽然汇报非常重要，但在实际工作中，很多人并没有真正意识到汇报的价值。更有甚者，有些人总是躲着领导不愿意汇报，即使汇报也不好好思考和准备，最终只能交出一份很差的汇报答卷，错失许多发展机会。

因此，学习汇报的第一课，就是要用全新的角度看待汇报！

职场成长，从做好汇报开始

如果现在有一个重要的工作机会摆在领导面前，你觉得领导会挑选谁去做呢？ 大家通常会觉得领导会挑选与其关系最好的、办事最得力的、最信得过的下属去做。那么你是否想过，这样的下属是如何赢得领导的认可和赏识的（见图 1–1 所示）？

每次接触中给领导留下好的印象，巩固领导的信任

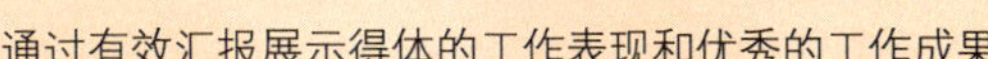

通过有效汇报展示得体的工作表现和优秀的工作成果

在汇报中与领导保持良好的互动和高情商沟通

图 1–1　领导认可和赏识

假如领导跟你说“到我办公室来一下”，你不会空着手去吧？进领导办公室通常需要带三样东西：纸笔、脑子和解决方案。

带上纸和笔是为了认真记录领导的要求，正确理解他的想法；带上脑子是预判领导找你的目的，提前准备必要的资料；带上解决方案，是当领导询问你关于某件事的想法时，你不会傻傻地说“我也不知道”，让领导认为你没有在工作上好好用心。

汇报前后的每一个动作，都会影响你在领导眼中的形象，最终决定领导对你的信任指数，影响你的职业发展道路。

记得主动汇报

在我们身边，总有一些优秀的人才不断践行着“主动汇报”的理念，并通过汇报赢得更多成长机会。

当我们还害怕和抗拒向领导主动汇报时，他们却时刻准备向领导汇报手头的工作。初入职场的我也曾很“讨厌”这样的人，总觉得哪里有那么多事情要去汇报，还不是为了和领导走得更近些。

直到后来我经历了一次事件后，才意识到主动定期汇报的重要性。

有一年，我们公司组织员工外出旅游，我第一次作为领队，全程负责和照顾将近 100 名员工的吃住游玩等事项。第一天游览完景点，一切顺利，我也舒了口气。

到了晚饭时间，我突然接到领导的电话，她问我今天的情况如何。我得意地说：“一切都挺顺利，大家玩得很开心。”

我本以为会等来领导的表扬，没想到接下来她的话让我心凉了半截：“既然一切都顺利，你为什么不打个电话给我通报一下情况？这么多员工出行，我担心到现在……”

从那天起，只要是我负责的项目，即使是一切顺利，我也会在项目进展到适当的阶段，及时向领导汇报。

让汇报出彩，才能争取更多机会

除了主动汇报外，如何让汇报更出彩也是赢得机会的关键。

一次，我受邀担任某公司管培生毕业汇报的评委。在这次毕业汇报中，每位学员有 30 分钟来汇报自己在过往一年的学习工作成果。公司对他们很重视，自然也给了学员们很大的压力。

汇报一开始进展还算顺利，学员们基本上都制作了精美的幻灯片，洋洋洒洒地介绍自己过去一年内去了哪些部门轮岗，参与了哪些项目，学到了什么知识。评委们的表情也看不出什么波澜，表面上风平浪静。

直到第四位学员讲到一半的时候，风云突变。可能是听了太多浮于表面的介绍，有一位领导突然开口打断了他的汇报："我就问你两个问题。第一，你在过去一年里看到我们公司的业务有哪些不足的地方？第二，如果让你去改善，你会从哪些地方入手？"

这位学员毫无准备，一时不知道如何回应，便愣在原地。虽然领导又给了他时间思考，但是他对这个问题完全没有准备，紧张又让他大脑陷入空白的状态，最后不得不黯然离场。

最终的结果是他没有通过结业考核。这位本可以顺利毕业，顶着管培生光环和薪水迎接更好未来的学员，不得不面对降职降薪成为普通员工的结果。一次看似无关痛痒的汇报，却影响了他的职业发展。

所以，千万不要让汇报能力的短板阻碍了你的前进！

成为"会做更会说"的职场精英

有的人天资聪慧，但如果不把这种聪明转变为出众的工作成果，又有谁能看的到。有的人觉得自己很努力，可是领导不可能知道每个人每天在忙些什么，所谓的努力只是你自己对自己的评价。还有的人觉得自己有很多好点子、好创意，如果这些点子和创意无法被有效展现出来，也只能是“自嗨”。

我们不妨把工作中的个人状况想象成图 1–2 这座漂浮在海面上的冰山，我们知道由于冰和海水各自不同的密度，通常冰山在海面以上的部分会显得很小，而潜藏在海面以下的部分则要大得多。

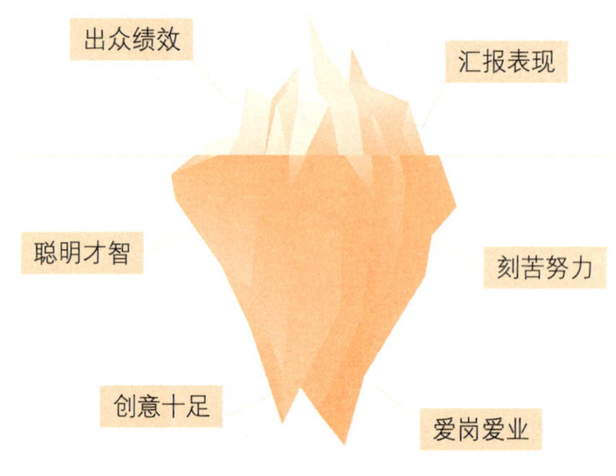

图 1–2　个人表现的冰山图

海面以上的部分，象征着领导能直接从日常工作中观察到的关于我们的点滴印象。要想给领导留下深刻的印象，你通常需要拥有出众的绩效表现，让领导“刮目相看”。

我们自认为的“很聪明”“很努力”“很有创意”“很能吃苦”等标签，都只能贴在潜藏海底的冰山部分，没有特别的原因或机会，领导是无法明确知晓的。

另一个可以用来展现你优势的重要契机就是“汇报时刻”，它属于海面以上的冰山部分。在获得向领导汇报的机会时，如果你能有效地通过自己的口才将工作表现、付出努力、业绩成果等展示给领导，就有可能扭转你在对方脑海中的模糊印象，继而获得后续更多的发展机会。

汇报小案例

在某外资公司工作的小庄，临近年底时获得一次代表部门向海外总部领导汇报的机会，虽然小庄知道这次汇报很重要，但是他觉得自己的工作表现一直很好，之前也曾通过邮件和海外领导交流过，加上英语和个性的问题，小庄只是简单地做了下准备。最终结果可想而知，海外领导听完小庄的汇报后，觉得没有什么特别之处。他还告诉小庄要向另一个国家的同事多多学习，那个国家的同事虽然和小庄能力差不多，但是通过有效的汇报，让领导觉得当年做出了很多不错的成绩，对未来的工作也有很多想法……

可见，工作中既要不断地提升自己的能力，还要抓住难得的汇报机会，获得领导的认可，赢得更多机会。

由于认知差异和缺少练习，在汇报中我们总喜欢留点余地。

例如，到年底的时候，领导想了解一年下来的工作情况，问“今年工作表现如何”，我们通常喜欢回答说“今年表现还行”“今年整体情况差不多”。殊不知，在我们眼中的看似为了体现谦虚的“还行”“差不多”，在别人眼中却变成了“不行”“一般般”的意思。

这些容易让我们工作表现丢分的汇报习惯，一定要立刻改掉。切记“会做更要会说”这个道理。

领导眼中你的表现 ＝ 工作能力 × 汇报效果

再好的工作表现，也需要配合适当的汇报能力和汇报时机展现出来，领导才更容易“慧眼识珠”。

在汇报中，我们要学习如何突出自己的亮点，做到“人无我有，人有我优，人优我精”。

有时，领导需要同时聆听多位下属的汇报，大部分汇报都是形式雷同、内容枯燥、陈述乏味，一个长长的会议，再加上这么多无聊的汇报，对领导无疑是耐心上的挑战。但是总有那么几位善于汇报的下属，可以在无聊的汇报内容中创造出亮点，制造出让领导惊喜的内容。要想“会做”而且“会说”，要学会克服两种思维障碍。

- 不想说——觉得工作只要做好就行，没必要去讲，领导自然会知道；
- 怕说错——面对直属领导，压力山大，非常害怕因讲错话而被领导诟病。

如果你也有这样的思维障碍，一定要学会转化思维，自信勇敢地向所有人展示你的优势和价值。

掌握汇报核心模块，以不变应万变

我培训的企业五花八门，对汇报的要求也各有不同，那我该如何应对其中的变化呢？

其实并没有那么复杂，因为尽管企业性质和汇报要求不同，但优秀的汇报都有相似的底层逻辑，了解了这些关键原则，就能以不变应万变。

比如，生产企业的年终汇报和零售行业的年终汇报肯定不完全一样，但是两者有异曲同工之处。它们都需要对当年的工作表现进行总结，都需要分析工作中存在的问题，都需要对未来新一年的工作做出规划。

具体内容不同，但核心模块相似。因此，要想轻松应对更多类型的汇报，我们要学会"透过现象看本质"，揭晓隐藏在汇报后面的关键。

做对三件事，汇报变得不一样

学习汇报最容易的方法，就是经常聆听其他同事、领导的汇报，从中学习别人做得优秀的地方，为我所用。

我自己在聆听不同汇报时，通常会从三个维度（见图 1–3 所示）进行分析和评估，来决定这是个好汇报还是差汇报。

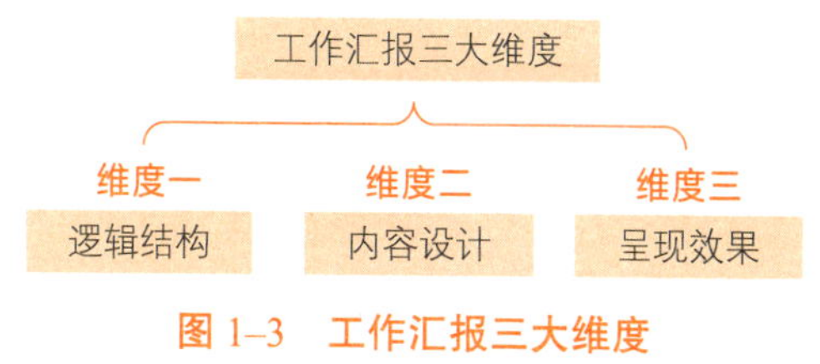

图 1–3　工作汇报三大维度

维度一：汇报的整体逻辑结构

拿到一份汇报资料，或者听完一场工作汇报后，我首先思考的是：

这个汇报是按照什么样的逻辑展开的？它试图传达的信息是什么？好的汇报都有清晰的逻辑结构，让听众能轻松地跟着汇报者的思路，理解汇报的核心内容。

糟糕的汇报通常逻辑混乱，让你摸不着头脑，容易迷失在杂乱堆砌的信息数据中。

维度二：汇报的具体内容设计

我经常在工作中看到两种极端的汇报材料：要么密密麻麻全是字，很难从中找到汇报重点；要么寥寥数笔没几个字，显得空洞，没有实质性内容。

这两种情况都是我们不希望在汇报中出现的，好的汇报也要有好的内容设计（见图 1–4 所示）。

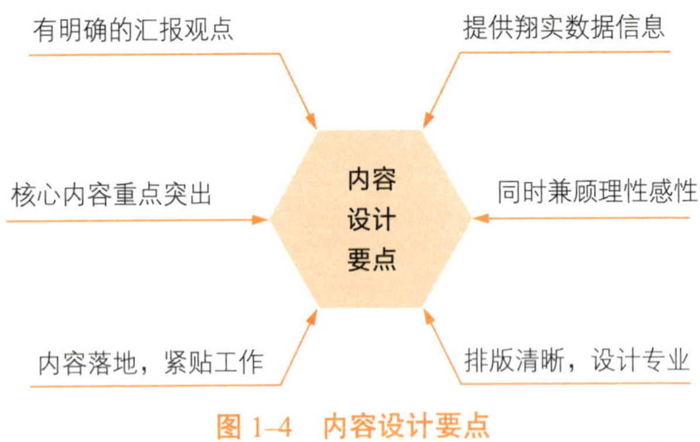

图 1–4　内容设计要点

好的汇报不仅看起来让人感觉赏心悦目，听的时候更会频频点头；糟糕的汇报则会让人听得云里雾里。我们常用“重点突出”来形容这些好的汇报。

维度三：汇报的呈现效果

汇报的框架搭建好了，内容设计好了，最终还需要一位“演员”去演绎，因此如何讲好汇报也是一个重要维度（见图 1–5 所示）。

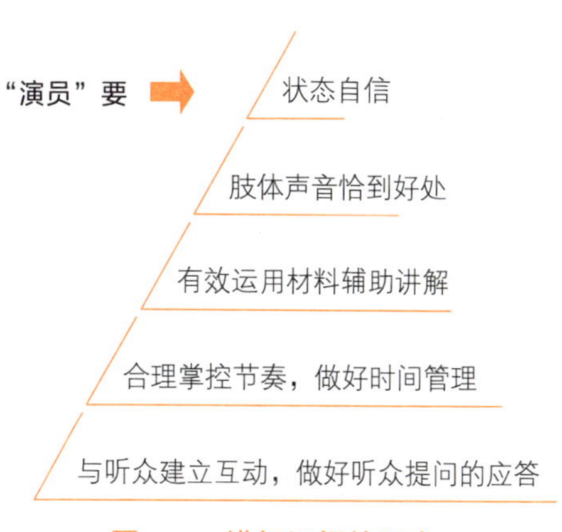

图 1–5　讲好汇报的要求

有些汇报者前期花了很多时间润色内容，修改材料，把汇报内容准备到了极致。但到正式上台去汇报时，因为缺乏经验等原因，讲得很平淡，让本来优秀的汇报设计大打折扣。

优秀的汇报者在“逻辑清晰”“重点突出”“呈现自如”这三个维度上都完成得非常出色。汇报者要重点在这三个维度上好好打磨，认真准备，才能打造出一份优秀的工作汇报。

同时，建议大家在学习和聆听别人的汇报时，试着将自己的角色转变为一位“评委”，不仅要听懂对方在讲什么，还要从这三个维度来打分和点评，分析别人汇报中做得好的地方和需要改善的地方。

当你持续认真地做这样的练习，很快也能成为一名汇报专家。

学习结构化思维，为汇报打好基础

优秀汇报的第一原则是：逻辑清晰。什么样的结构才算逻辑清晰？有个简单的检测方法，就是看当你汇报完后，听众是否会发出图 1–6 中的三个“灵魂拷问”。

图 1–6　汇报中的“灵魂三问”

汇报要有清晰的观点或结论。观点或结论就是基于众多信息提炼出来的汇报者个人的看法或洞察，也表达了汇报者的立场。对同样的信息，不同的人可能得出截然不同的结论。在汇报中，我们首先要做到的是有明确的个人观点和结论。

汇报要有明确的方案或行动建议。当听完前面的信息内容后，听众一定会想问：“所以你希望采取什么行动？你希望我提供什么帮助？”因此，汇报中一定要包含汇报者提出的建议或方案，让听众知道后续可以做什么。

汇报要有清晰的论证过程。听众在采取行动前，必须要理解为什么要这么做。汇报者需要展示出清晰的论证过程，让听众理解并相信最终方案是合理的。如果缺少了关键的数据信息，就会让论证过程明显不清晰。很多汇报之所以缺少逻辑性，归根到底，是因为汇报者没有很好地掌握“结构化思维”。

结构化思维就是以事物的结构为思维对象，以对事物结构的积极建构为思维过程，力求得出事物客观规律的一种思维方法。

要想提升自己的结构化思维能力，大家可以首先了解一下什么是金字塔原理。金字塔原理的提出者芭芭拉·明托非常善于写作，她认为问题的关键不在于如何正确地使用语言，而在于如何清晰地进行思维。这一发现促使明托女士致力于探索条理清晰的文章所必需的思维结构，并最终总结出了金字塔原理。

金字塔原理可以帮助大家了解什么是结构化思维，并逻辑清晰地写文章、做报告、思考和解决问题等。金字塔原理的核心就是我们曾经在学校学过的总分结构，或总分总结构。

假如一家公司最近的产品销量不佳，市场份额提升缓慢，领导希望你能分析其中的原因并做个汇报。如果你学过金字塔原理，那汇报结构可以参考图 1–7 这样的结构。

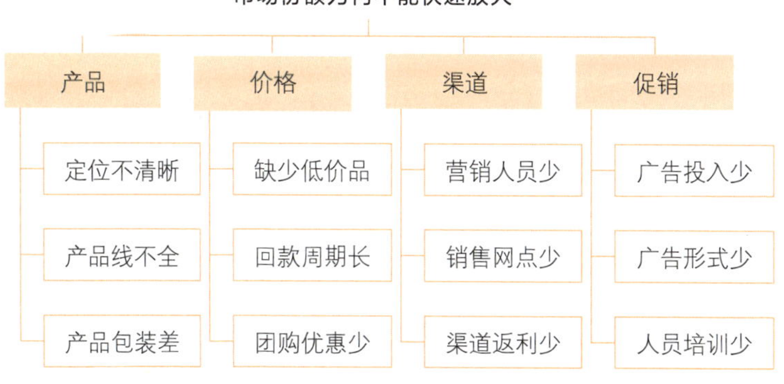

图 1–7　汇报结构示例

这个结构包含总结论“市场份额不能快速放大”，以及四个分析维度——“产品”“价格”“渠道”“促销”。在每个分支下，又分成若干个更小的层级进行汇报论证。这充分体现了金字塔原理的四个重要原则。

结论先行是金字塔原理的首要原则，意思是每篇文章或每段表达只能有一个中心思想，并且放在文章或内容的最前面。

在汇报中，我们要学会明确结论，并放在让听众能快速关注到的地方。

以上统下，每一层次的思想必须是对下一层次思想的总结概括，而下一层次思想则是对其上一层次思想的解释和支持。简单来说，为了论证一个观点，向下寻找能证明这个观点的若干论据（被称为“自上而下”）；或者有诸多同类型的论据，向上提炼出概况性的观点（被称为“自下而上”）。

归类分组，每组的思想必须属于同一个逻辑范畴，每个子观点下面的论据必须是来证明这个观点的，不能同时是别的观点的论据。比如，“产品”条线下的论据中，不应该出现“价格”或“渠道”条线下的论据，不然就会产生重叠，导致汇报结构混乱。

逻辑递进，每组的思想必须按照逻辑顺序排列，就是说每个子观点下的论据之间也要符合一定的逻辑关系。最常见的逻辑关系是归纳法和演绎法。

归纳法是把具有共性的思想、观点归类分组，概括其共同点。比如，你手头管了三家门店，第一家门店出现缺货现象，第二家、第三家也同时出现了，你就可以得出“目前我管辖的门店都出现了缺货现象”的结论。在汇报中，我们使用归纳法的概率非常高。

演绎法则是三段论式的线性推理：大前提—小前提—结论。比如，大前提是“英语翻译的岗位必须要有专业八级证书”，小前提是“应聘者小王拥有专业八级证书”，可以推导出“小王具备应聘翻译岗位的资格”的结论。

汇报小案例

马克用结构化思维向领导汇报工作。

最近公司的各项成本都在上升：（观点）

第一，包括钢材在内的原材料价格涨了 10%。

第二，物流成本也上涨了 5%，我已经努力和这些物流公司沟通过了，但暂时无法说服对方不涨价。

第三，广告费最近花得比较快，快超今年预算了，可能还需要增加预算。（论据 + 论证过程）同时，我们的竞争对手最近都把价格上调了 10%~20%，所以我觉得我们也应该涨价，可以把幅度控制在 15% 左右……（建议方案）

领导，你觉得这个建议是否可行？

通过学习金字塔原理和结构化思维，你的汇报会变得更加严谨、更有条理，能够减少犯逻辑错误的可能，从而为你的汇报打下了良好的逻辑基础。

建立优秀汇报的核心支柱

想要做好汇报，除了需要提升结构化思维以外，还需要提升系统性思维。

系统性思维是将事物视为一个整体的思考方式，它强调理解事物的各个组成部分及其相互之间的关系。在系统性思维中，我们不再孤立地看待问题，而是通过分析事物的内部结构、外部环境及其相互作用，来寻找问题的根源并提出解决方案。

要做好汇报，不是提升口才就好了。优秀的汇报其实是职场实力的综合表现，而不只是由某个单一要素决定的。正所谓功夫在诗外，一个优秀汇报的背后往往有四大支柱。

业务能力

汇报的本质是对工作情况的交流沟通，其核心是工作而非表达。如果汇报者对工作不够熟悉，即便汇报材料做得再精美，也无法得到领导认可。

业务能力通常指对业务逻辑的熟悉程度、对业务信息的充分收集、对业务问题的逻辑分析、对业务方案的合理设计等要素。一个优秀的汇报者首先要是一个业务骨干或专家，才能打造出接地气的汇报。

因此，做好汇报的首要支柱是不断提升自己在业务方面的能力，积累更多的业务经验。

思维能力

除了之前介绍的结构化思维和系统性思维，我们还可以提升以下几种思维。

批判性思维　对信息保持理性、怀疑和无偏见的分析，评估事实形成判断。

创造性思维　打破常规，产生新颖独特有价值的想法和解决方案的思维。

可视化思维　运用图示或组合把本不可见的思维呈现出来，使其清晰的思维。

我们只有提升了自己的思维能力，才能真正做好工作汇报。

表达能力

理解了一件事情，不代表能讲清楚这件事情。从思维到表达中间，还隔着几座大山。很多职场人士都存在着不会说、不愿说的问题。

其实表达能力的提升，也是有法可循的。学习表达的方法，与学习钢琴的方法并没有太大的差异，就是要不断地练习。

影响能力

在汇报中，我们不仅要把事情讲清楚，还要学会有效地影响对方，这样才能获得我们期待的行动和支持。

每个人都可以像一名优秀的销售人员，通过有效汇报，把自己的想法和建议传递给听众并改变其行为。

为了提升自己的影响力，我们还需要多学习一些营销技巧、沟通技巧以及心理学方面的知识。

这四个维度的能力，就像支撑起一场优秀汇报的四根支柱，缺一不可。

避开常见汇报陷阱，让汇报更出色

我们已经了解了优秀汇报的核心关键，可能也满怀期待要去完成一次成功的汇报了。

然而，现实和理想间总是存在着差距。在实际工作中，很多汇报效果一般、不如人意，甚至还踩了不少“陷阱”（见图 1–8 所示）。

图 1–8　一不小心掉入“汇报陷阱”

想要学习汇报技巧，先要学会避开汇报中的坑。就像我当年学溜冰时，我爸爸告诉我：“先不要想什么技术，让自己能站起来不摔跤就好。”

接下来，我们看下汇报中有哪些要当心的“陷阱”。

四大陷阱让汇报互动变消极

我曾问过不少身边的人是如何看待汇报这件事的，发现 50% 的人逃避、厌恶汇报工作，30% 的人对汇报没什么感觉或者态度敷衍，只有 20% 的人认为要好好准备、积极对待汇报。

要想提升自己的汇报能力，我们首先要避免以下几种消极的应对态度。

不要随便说“不知道”

在工作中，当领导向你了解情况的时候，千万不要随便说出“不知道”三个字。虽然你说的是实话，但这四个字一旦进入领导耳中，就会变成“我不知道，因为我觉得不重要”“我不知道，我也不打算去了解”“我不知道，因为我很无能”。

在领导的眼中，“不知道”不仅仅代表着你掌握的信息不足，更代表着一种糟糕的态度。

因此，不要让“不知道”三个字毁了你的职场前途。

不要跟领导说“也没什么”

临近年终，各部门都在做年底的总结和复盘，领导可能会让你汇报这一年来的工作情况和收获。你的开场白是：“其实今年我也没取得什么特别的工作成果，就是把手头的工作做好……”

不久，公司宣布了年终奖和晋升情况，你榜上无名，年终奖也不多，于是你开始愤愤不平了。

如果这样的事情真的发生过，你也别生气，谁叫你告诉领导你的工作“没什么”呢？领导平日工作繁忙，不可能了解所有下属的工作细节，年终汇报就是让大家有效总结工作成果、展示工作亮点的机会，而一句“没什么”，只会让人误以为确实没什么好讲的。

工作中适当谦虚没有错，但是把谦虚等同于不说不讲，则是大错特错的做法。

不要轻易问领导“怎么办”

你突然接到了客户打来的紧急电话。在电话中，客户愤怒地抱怨了一通某个问题。你挂了电话，就心急火燎地跑去告诉领导“出事了”，问领导“怎么办”。

工作中，遭遇紧急情况，最忌“自乱阵脚”。有些突发事件，其实还没有到非常糟糕的地步，只要冷静分析，制定策略，采取行动，完全有机会扭转局势；即便情况真的很糟糕，在团队内散布紧张情绪，也对解决问题无济于事。

在向领导汇报这类紧急情况的时候，一定要保持镇定。千万不要肆无忌惮地把个人情绪宣泄出来，大叫“出事了！不好了！完蛋了！怎么办？”这样只会影响领导冷静地做决策，还会让领导觉得你无能和软弱。

合适的做法应该是：客观提供信息，协助领导分析；给出个人观点，提供解决思路。这样你才能成为领导的有力情报员和智囊团的一分子，必要时你还要帮忙稳定领导的情绪。这样领导不但不会讨厌你，还会感激你。

不要把“对不起”挂在嘴上

最近你负责的几个项目都不太顺利，虽然和你并没有直接的关系，但是你挺内疚的。每次向领导汇报情况的时候，你都会说一句“领导，对不起，是我没做好”。

第一次说“对不起”的时候，领导还安慰你不要太自责，毕竟很多因素也不是你能控制的。但听到太多次“对不起”之后，他就不再多说什么了。

与其总是说对不起，不如去发现工作失败的原因，以及思考后面怎么改善，而不是每次失败了就来一句“对不起”，却看不到任何改善措施。

“对不起”看起来是诚恳的道歉，实际上缺少了真正的行动，等于是句空话。“对不起”一旦用多了，就会让人感觉道歉变得不值钱了，还会给人一种找借口的感觉。

因此，与其总说“对不起”，不如用实际行动和努力，让领导看到自己改善局面的决心和付出，用真正的胜利，换来领导的认可和青睐。

汇报中必须要了解的规则

除了内容以外，汇报背后的规则也会影响汇报效果。

我刚工作的时候，一次去办公室找领导汇报，进门的时候忘记敲门了，结果领导一脸不高兴，也不管我怎么想，让我重新出门再敲一次进来。从那一刻起我了解到，遵守规则有时比汇报本身更重要。

汇报规则体现了职场礼仪准则。汇报前我们必须了解清楚有哪些需要遵守的规则，才能避免犯错。

有些规则是隐性规则，没有明文写在企业守则中；还有些规则和汇报对象的偏好有关，这些你都必须提前了解清楚。

选择合适的时机进行汇报

汇报时间的选择有两个关键词："定期"和"主动"。定期是指在一些重要时间节点进行汇报。主动是指根据自己的判断，收到一些触发信号后立刻去汇报（见表1–1所示）。

表1–1　工作 / 项目汇报的时间节点

汇报时间节点	汇报目的
项目开始前汇报	让领导知道你的计划和想法，有偏差可以及时调整，同时申请必要的资源。
项目开始时汇报	让领导知情，了解工作已经启动。
项目中定期汇报	让领导了解进度，获得掌控感和安全感。
项目中需支持时汇报	向领导反映情况，获取帮助和支持。
项目出现状况时汇报	告知领导具体情况并提供解决方案，让领导权衡。
项目内容变更时汇报	让领导了解变更原因，获得认可和批准。
项目完成时汇报	让领导安心，和领导分享成功的喜悦。
项目完成后汇报	复盘成功和失败的经验，提供领导向上级汇报的素材。

汇报小案例

小林：领导，之前您让我有空顺便对西部工厂原料采购的情况做些了解分析，现在总算有些眉目了。您有时间吗？我给您汇报一下？

领导：是这件事啊？都已经过去三个多月了，我看你这里也没反馈，以为你忙不过来呢，所以已经安排采购部新招了一个人进来专门负责西部工厂的原料采购了。

小林：啊？！我之前想要好好地落实此事，所以一直在努力收集资料，询问情况，这不都弄明白了才拿来汇报吗？

领导：你早点说一声不是更好！

职场上的汇报非常讲究时机，太早或太晚都不适合。在小林的案例中，他要么早点汇报，即使只收集到一部分内容也没关系，方便领导进一步做决策或采取行动；要么先和领导打声招呼，说自己正在收集更全面的资料，如果领导不是很急的话，可以等到全部收集好再汇报。

学会察言观色，及时感知情绪变化

在做汇报时，汇报者需要同时兼顾个人需求和实际需求。个人需求是让听众在听汇报时感受到尊重和信任，有参与感；实际需求是确保汇报内容逻辑清晰、重点突出，能讲清楚、说明白。这两个需求也对应了我们常说的两个词——“情商”和“智商”。

高情商的基础就是能够敏锐地发现沟通对象的情绪变化，并为后续应对做好铺垫。在汇报中，很多人只关注自己的汇报内容，而没有花时间关注听众的反应和感受。

例如，你在向客户宣讲设计的营销方案，讲到某个细节的时候，客户突然抬起头，眉头微皱，手指有节奏地敲击桌面，你的雷达就会告诉你“这里肯定有问题”，客户应该是对方案的某个细节有疑问。此时，你就应该停下来回应对方的情绪，问问对方是否有什么疑问。这样既照顾到了对方的感受，也能让问题尽早浮出水面。而一切的开始，都源于你主动观察和感受对方的情绪变化。

当别人听完你的汇报，口头上说“不错”，脸上却展现出“尴尬而不失礼貌的微笑”时，你作为汇报者就要小心了，不要被这种微笑蒙蔽了双眼。

当某人怀疑你说的话时，常常会摸着或托着下巴，这种动作传递的信息是“我不相信你，出于礼貌，我又不想说”。汇报者如果不留意这些信号，就会让汇报朝糟糕的情况发展下去。

达尔文认为，传达并解读情绪的能力在人类进步过程中起着非常重要的作用。这种能力是用于创造并维持社会秩序的。同样，在工作汇报中，解读情绪、察言观色的能力也异常重要。它可以帮助我们及时发现问题，立刻做出补救或跟进，避免汇报功亏一篑。

不踩越级汇报的红线

“越级汇报”就是越过你的直属上级，向更高层的上级进行汇报。初入职场的朋友可能并没有觉得越级汇报有什么问题，但越级汇报会有很大的杀伤力。

越级汇报的杀伤力

- 打破原有汇报路线，打乱正常的上下级关系。
- 上级会认为是被下属“挑战”了，感到脸上无光。
- 容易把上级的上级置于两难境地，里外不是人。

越级汇报特殊情况

- 工作中有多条汇报路线，需要向不同上级汇报。
- 紧急情况找不到上级汇报，需要立刻处理，可以临时越级汇报，但记得要“补汇报”。

有些岗位会存在**多条汇报线**，比如财务部员工办公地点在工厂，既要向财务部领导汇报，也要向工厂厂长汇报。可以视情况先汇报给一方，等合适的时机再知会另一方。

工作中碰到紧急情况需要有人拍板，但是找不到直属上级，这个时候可以越级汇报以解燃眉之急。但是别忘了还是要通过手机或邮件给你的直属上级留言告知情况，事后再做个“补报”。这种情况下，直属上级也不会怪罪于你。

有礼有节地做好汇报，让对方另眼相看

所谓“职业化素养”，指的是工作状态的标准化、规范化、制度化，即在合适的时间、合适的地点，用合适的方式，说合适的话，做合适的事。在汇报中我们也要学会体现个人的职业化素养。

领导交代给你一件从未做过的事，你并没有假装弄懂了，而是谦虚地向领导请教：“领导，这件事我之前没做过，经验不太足，想请教您两个具体的问题……”领导耐心地解答你刚才的问题，你都一一记录了下来。等领导讲完后，你用非常感激的语气表达了自己的谢意“这下我都明白了，谢谢您这么耐心地给我讲解。回去后我会立刻开始着手进行，在规定的时间内完成任务，中途我也会定期向您汇报具体进展的。”领导听完，满意地点点头。

在日常汇报中，我们需要注意一些礼节。

礼貌尊重	用谦逊的语气和领导讲话，表示尊重。
及时响应	及时响应，需要记录马上拿出笔记本。
解释原由	无法做到要告知理由，请教问题解释原因。
确认认知	为避免认知偏差，汇报中经常确认和澄清。
做出承诺	明确承诺任务何时完成，如何保持沟通。
赞美鼓励	适当赞美领导，表达感谢和认可。

以上，我们提到了四种在汇报中需要注意和遵守的规则，其实这样的规则还有很多，需要我们用心观察、学习、请教、思考、感悟，并融入日常汇报中，展示出自己优秀的职业化素养。

测一测自己的汇报水平

我们已经分享了不少做好汇报的关键事项和原则，大家一定很想了解自己的汇报水平如何。

结合多年的汇报教学经验，我设计了十几道用于汇报能力自测的题目，来帮助大家客观了解一下自己的汇报水平究竟如何。

请根据对自己的客观评价，基于表 1–2 每道题的描述进行打分：1~2 分代表极少做到或做不到，3~4 分代表较少的部分可以做到，5~6 分代表可以做到 50% 左右，7~8 分代表基本可以做到 70% 左右，9~10 分代表完全可以做到，形成习惯。

表 1–2 汇报能力自测题

题号	题目内容	自测打分
第 1 题	我非常重视每一次工作中的汇报，并在汇报前做好充分的准备	
第 2 题	我通常会思考分析汇报听众关注的内容，尽可能换位思考理解对方的立场	
第 3 题	汇报中我对熟悉的内容表现得很自信，对不熟悉的内容，也会主动提出自己的看法和思路	
第 4 题	汇报中，我能有逻辑地摆事实、讲道理，寻找关键的汇报数据辅助讲解	

续前表

题号	题目内容	自测打分
第 5 题	我会根据具体的汇报场景，设计合理的汇报框架，有效表达观点	
第 6 题	汇报中我不会特别紧张，能通过肢体、语音、情绪等技巧适当影响听众	
第 7 题	汇报时我会留意听众的反应，适时做出调整，尽量让汇报达到预期效果	
第 8 题	面对临时突发的汇报，我通常能沉着应对，言简意赅地讲清楚内容	
第 9 题	我会分析汇报对象的不同特质，如性格、偏好，调整汇报来匹配对方风格	
第 10 题	每次汇报前，我会仔细思考汇报目的，明确通过汇报期待达成的结果	
第 11 题	向上级汇报时，我通常会准备几个不同的方案，让上级进行决策	
第 12 题	汇报中即便我不认同上级的意见，也会尊重对方决定，不过于情绪化	

以上 12 道题的内容，涉及职场工作汇报中一些关键原则和要素。把你每道题自评的分数进行加总，最终的总分就代表你在汇报这件事上的总体水平和状态（见表 1–3 所示）。

表 1–3　汇报能力自测表

110~120 分代表你的汇报能力已经很出众了
100~110 分表明你已具备了不错的汇报能力，但一些细节还需要把控和精进
80~100 分代表你的汇报能力中等，还有不少改进空间
80 分以下则表示你的汇报能力需要提升，不然就会影响你的职场道路

第2章

知己知彼，做好汇报准备

“知己知彼，百战不殆”，我们只有对自己和听众有清楚的了解，才能做好汇报。

知己就是对自己在汇报中已掌握的信息、希望达成的目标、个人在汇报中的优势和劣势等，有客观的了解。我们越了解自己，越能在汇报中扬长避短，聚焦优势，实现预设的目标。

知彼则是要了解汇报对象的风格、性格特点、关注的维度、评判汇报优劣的标准等。我们掌握了这些关键信息，才能做到有的放矢，让汇报尽量匹配对方的需求，收获满意的效果。

如果在汇报中我们无法做到“知己知彼”，就有可能让汇报走向错误的方向，最终以失败告终。

在汇报前，通过一些简单的准备工作收集关键信息（见图2–1所示），可以让后续的汇报变得事半功倍。

汇报的背景是什么？为什么要做这次汇报	汇报中有什么要特别注意的事项
汇报的目的是什么？通过汇报要达成什么，获得什么	汇报中要提供给听众什么建议或行动计划
汇报对象有什么特点？关注的内容可能会是哪些	听众在汇报中可能会提出什么问题？该如何回答

需要提前准备哪些资料？按什么结构逻辑来汇报

图 2–1　汇报前的准备

明确汇报目的，掌控汇报方向

爱丽丝说："你能告诉我该走哪条路吗？"

猫说："那就要看你想去哪儿啦。"

爱丽丝说："我不太关心去哪里。"

猫说："那走哪条路又有什么关系呢？"

每次看到这段出自经典童话故事《爱丽丝梦游仙境》中的对话，我都会颇有感慨。看上去这是给孩子们讲的故事，却蕴含着很多大人都没有真正领悟的深刻人生哲理。

如果我们对未来没有明确的方向和目标，就会容易满足于当下，过上一种随遇而安的生活。我们会因此蹉跎岁月，错过宝贵的机会。

在汇报中，如果我们不了解自己的关键目标，就会缺失重点，任意发挥，让汇报变成碎片信息的零乱拼凑。

汇报小案例

公司考虑到未来人才的储备，从每个部门选出了一两位核心人才，并把这些后备人才分成了若干小组，为他们安排了一些需要跨部门解决问题的项目。公司希望他们通过这些项目上的历练，既能共创出真正解决公司问题的方案，又能提升自身的能力和眼界。

每个项目的时间为期半年，每个小组需要在这半年时间里通过收集信息、讨论策略、深入调研等方法，为所分配的项目找到合适的解决方案，并向公司管理层汇报。

如果你是某个小组中的成员，你们小组分到的项目是解决总部和分公司在日常工作中存在的沟通协作问题。在最终汇报项目前，你有没有想过以下问题：我们希望通过汇报达成哪些目标？

梳理传达关键的信息，做到互通有无

关于汇报的目标，由易到难有不同的层次。

汇报的第一层目标，就是要有效地把和工作有关的关键信息传递给对方，让其知晓。

在日常工作中，很多时候我们处于信息不对称的状况下，上级未必知道下面的人在忙什么，企业内部的人未必知道外面的客户是什么状况。工作汇报的基本目标，就是把收集到的信息有效地告知对方。

为了有效地传达信息，我们必须在汇报中提供充分的、准确的、翔实的信息，并且用易于接受和理解的方式传递给听众。

基于前面的案例，我们来想想，在向领导汇报总公司 / 分公司沟通协作问题的情况时，在汇报中可能需要传递哪些信息（见图 2–2 所示）。

图 2–2　汇报中需传递的信息

这些信息有些是从现场获得的第一手资料，有些是从其他渠道获得的二手信息，但是都对整个项目有很高的参考价值。通过汇报，项目团队把这些信息呈现给听众，让他们知道发生了什么，目前是什么情况。

这里所说的信息，一般指还未加工的原始素材，不带任何个人情感色彩，不要把它们和加工后的信息（比如分析、个人观点、感受等）混淆在一起。

创新思维学之父爱德华·德博诺（Edward de Bono）写过一本关于全面思考模型的著作《六顶思考帽》，他把人们交流中传递的内容，依据不同的特性，用六顶不同颜色的帽子来代表。

六顶思考帽	含义
白色思考帽	代表中立客观。戴上白色思考帽，人们思考的是客观的事实和数据。
绿色思考帽	象征勃勃生机。带上绿色思考帽，鼓励创造性思考、头脑风暴、求异思维等。
黄色思考帽	代表价值与肯定。戴上黄色思考帽，让人们从正面考虑问题，表达乐观、建设性的观点。
黑色思考帽	代表疑问。戴上黑色思考帽，人们可以否定、怀疑、质疑，逻辑地批判，找出错误或问题。
红色思考帽	代表情感。戴上红色思考帽，人们可以表现自己的情绪、直觉、感受、预感等方面的看法。
蓝色思考帽	代表调控。蓝色思考帽负责控制和调节思维过程，确定思考帽的使用顺序，负责做出结论。

在呈现信息的时候，我们应该戴上“白色思考帽”，尽量给出客观事实。不要让你的信息中掺杂个人臆断、盲目批判、直觉感受等内容，这会影响信息的“纯度”。

“传递信息”是汇报中最基本的目标。如果汇报只停留在传递信息上，会使得汇报内容只是在展现事实和数据！我看到很多企业的内部汇报变成了幻灯片朗读，汇报者和听众间完全没有任何交流，只是机械地读出页面的每个字。这无疑会浪费大量宝贵的时间。

如果“传递信息”是汇报的首要目标，那么比“传递信息”更高一级的目标是什么呢？

澄清深入解读的难点，赢得理解共识

“知其然，而未必知其所以然也”，当我们看到表面的现象时，还需要深入了解现象背后的原因。

如果你看到公司最近的库存量快速下降，就应该去了解是什么原因导致了这种变化；最近电话客服代表的投诉率上升了，可能意味着流程中发生了变化；招聘不到新员工，就要去思考是市场的原因还是公司的原因；所有的信息背后都会关联着一些不易被人看到的因果关系。

汇报的第二个目标，是要重点解读关键信息背后的来龙去脉，让听众了解一些未知的内容。

很明显，实现第二个目标的难度要比实现第一个目标的难度更大。第二个目标需要汇报者进行思考、分析和解读，然后用合乎逻辑的方法去解释给汇报的听众。

这个过程中会存在两种风险：（1）汇报者自身的解读出了问题，也称为误读。比如，你从信息中看到的和听众看到的不一样；（2）无法解释清楚。最常见的就是专业人员把专业信息解释给没有专业背景的听众时，因为讲得过于抽象或复杂，导致听众听不懂。

让我们再次回到前面的案例中，看看我们需要解读哪些重点和难点。

维度一	维度二	维度三	维度四
导致沟通协作不畅的诸多原因中，哪几个是关键的？哪些主要与总公司有关，哪些与分公司更有关系？	在解决类似问题的过程中，是否已经采取过什么措施？效果不好的原因是什么？	目前存在的问题对员工有什么影响？对公司业务的开展有什么影响？	员工是否有什么比较好的建议和方法可以作为备选方案？

这些问题的答案并不是直接获得的，而是从第一层信息中提取和加工所得的。实现这个目标可以让听众真正理解项目的关键所在，帮他们发现隐藏在问题背后不易被人发现的要点，便于后续做出合理可靠的决策。

在工作中，普遍存在着一种不良习惯，就是想当然。很多人喜欢根据表面信息想当然地推测原因，根据收集到的反馈“拍脑袋”做出决策，这种仅凭第一感觉就立刻行动的习惯，往往存在着很大的风险。

美国管理学家约翰·G. 米勒（John G.Miller）在他的畅销书《QBQ! 问题背后的问题》一书中，提出了 QBQ（The Question Behind The Question）——问题背后的问题。这本书就是要大家摒弃碰到问题互相推诿、抱怨、拖延与执行不力等缺乏个人责任感的习惯，努力去寻找和发现问题背后真正的问题，从而推动企业的成长发展。

因此，汇报不能只停留在第一个目标上，不能把信息交给听众任其自行理解和发挥。我们需要做好深挖和解析的工作，找到这些信息土壤中的瑰宝，有效对外呈现。

明确期望采取的行动，确保结果落地

互联网时代，信息高度发达，我们会发现每条信息并不是随机出现在我们面前的，都是带着一定“目的”的。新闻 APP 中推送给你的“话题”，是为了让你继续往下阅读；电商网站中的广告，也是为了让你“掏钱买单”。几乎所有交流的最终目的，都是为了让你“采取行动”！

因此，汇报的第三层目标，就是激发汇报听众的行动，或者提供给听众行动的方案和依据。

要让人采取行动，其实并不是一件容易的事情。如何通过有效的汇报，让汇报听众愿意行动，也有很多技巧和方法。汇报者要能提出合理的解决方案，能从根本上解决问题，具备可操作性，投入和产出较为合理。

在解决之前案例中总公司 / 分公司沟通协调的问题上，第三层目标就是要说服领导认可我们提出的方案，并愿意提供资源和支持（见图 2–3 所示）。

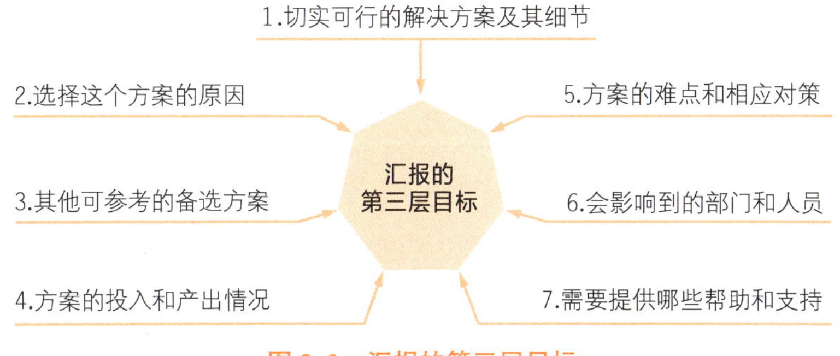

图 2–3　汇报的第三层目标

当这些信息能够充分体现在汇报中时，我们说服和打动听众的成功率就会大大提高。

如果我们提供的方案足够成熟，就能够在汇报听众的眼光中看到兴奋、惊喜、期待，也就能预判会获得更多的资源、支持和帮助。

除了方案的全面到位以外，汇报者的说服力也很重要。说服力往往涉及表达能力、高情商沟通以及心理学技巧，这部分内容在后面的章节会详细进行讲解。

到目前，我们介绍了“信息传递”“深度解读”“行动说服”这三层汇报的目标，这三者之间并不排斥，而是由浅入深、相互配合的关系。

对于一个复杂的汇报，某个章节的内容只需要让听众“收到信息”，而另一个章节的内容则必须进入“说服行动”的层级。汇报者必须非常清楚每部分内容的功能和目标，因为作为汇报的“设计者”，他必须明确决定每个部分的作用。

换位思考掌握需求，让汇报深入人心

人与人之间，真正能做到“换位思考”的也是少数。父母送孩子生日礼物，往往是站在自己觉得实用性价比高的角度去选择，而不是去了解孩子真正想要的是什么；朋友给你推荐美食，往往是因为他或她自己特别爱吃；网络上网友点评热点事件，也是站在个人的理解和道德制高点，并没有理解当事人的难点和痛苦。

在汇报场景中，“换位思考”的能力显得尤为重要。只有学会换位思考，才能真正站在对方的角度感受情绪、了解想法、思考问题，最终给出让对方满意的答卷。然而，要准确了解对方的需求和想法，很容易犯一些错误（见图 2–4 所示）。

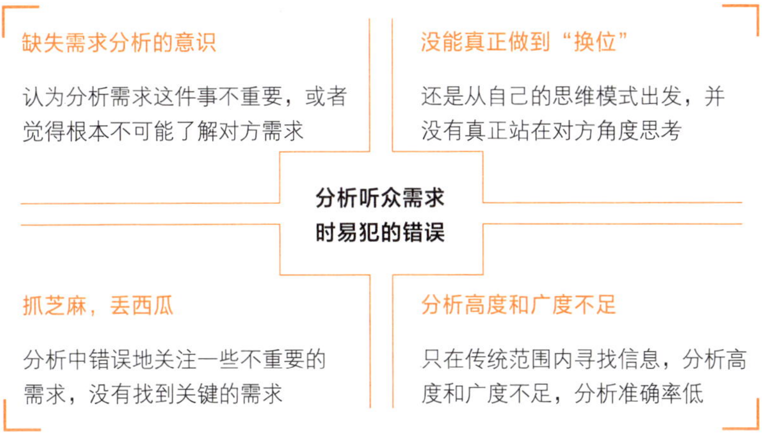

缺失需求分析的意识

认为分析需求这件事不重要，或者觉得根本不可能了解对方需求

没能真正做到“换位”

还是从自己的思维模式出发，并没有真正站在对方角度思考

分析听众需求时易犯的错误

抓芝麻，丢西瓜

分析中错误地关注一些不重要的需求，没有找到关键的需求

分析高度和广度不足

只在传统范围内寻找信息，分析高度和广度不足，分析准确率低

图 2–4　分析听众需求时易犯的错误

究竟该如何有效地分析听众的需求呢？虽然没有 100% 精准的工具和方法，但是借助以下三种方法，我们可以让分析结果更接近真相。

投其所好法：了解听众风格特点，建立同频沟通

如果我们能给别人带去他们喜欢的东西，就不会被人讨厌。互联网公司在研究其用户时，会借助“用户画像”来定位用户特点。用户画像最初用于电商领域，它将用户的每个具体信息抽象成标签，利用这些标签将用户形象具体化，从而为用户提供有针对性的服务。例如，一个社交 APP 适合哪些主流人群？一款电商产品核心的消费对象是谁？视频平台上热播的网剧，广告到底要推给哪一类人？对于这些，互联网公司通过收集完整的数据从而掌握了目标人群的共有特点（见图 2–5 所示）。

汇报前设想

图 2–5　目标人群共有特点

美国著名人脉专家哈维・麦凯（Harvey Mackay）经营着一家信封公司。他要求所有销售人员都必须在和客户不断接触的过程中，收集 66 个重要的问题。这些问题被罗列在一张表格上，被称为“麦凯 66”表格。在这张表格中，除去最基本的客户个人信息，如姓名、生日、电话等，还需要收集各式各样的其他信息。例如，客户中午吃饭喜欢去什么餐厅、开的是什么品牌的汽车、近期的事业目标等，罗列得非常详尽。

这 66 个问题不是一次性收集完毕的，而是在与客户接触的过程中逐渐完成的。想象一下，如果销售人员对你的个人情况了如指掌，是不是意味着你们已经建立了良好的信任关系，更容易推动后续的销售活动。

在汇报中，我们也可以运用同样的理念：全面收集汇报对象的个人情况，了解其个人特质及听汇报时的特点，确保有针对性地进行汇报，保持同频沟通（见表 2–1 所示）。

表 2-1　全面收集汇报对象的个人情况

汇报前需要收集和了解的几个关键问题		
汇报对象是谁？	他 / 她对要汇报的内容了解多少？	在过往听汇报的时候，他 / 她有什么习惯？
谁最重要或有决策权？	是不是这方面的专家？	比较关注哪方面的内容？
他 / 她是什么性格？		
来自什么部门？		
过往的职业经历怎样？		

你还可以根据需要创造出更多这样的问题。当你了解了这些问题的答案时，汇报对象在你的心中将不再是个模糊的概念，而是一个可以互动和影响的实实在在的对象。

问题收集法：收集常见关注问题，提炼核心要点

我以前有位领导，说话语速很慢，沟通时总觉得他处于一种若有所思的状态。

记得第一次去找他汇报工作上碰到一个需要决策的事情时，他并没有直接给我建议或意见，而是直直地看着我，然后慢慢说道："小陆，那你是怎么看的？"他突然这么问我，而我毫无准备，只能支支吾吾地说了几句。

后来我发现，只要是去向他汇报，他都会先问我的想法，等我讲出我的想法后，他会沉思一会儿，然后慢条斯理地为我分析我的想法当中的一些问题，并给出自己的见解。这个时候我才知道他"憨憨"的外形里其实充满了"大智慧"。因为碰到了这位主管，我养成了"汇报前先

准备一个自己看法”的习惯，让我在后来的职业发展中受益匪浅。

大家回忆一下：你的领导在听你汇报时，最常问的问题是什么？这些问题需要你做好哪些准备？

我建议大家在每次汇报过程中，要特别留意汇报对象常问的问题。等汇报结束后，赶紧把这些问题记录下来，再定期汇总到一起，形成一个问题列表。

记录听众常问的问题有两个好处

好处一

在下一次汇报前把这些问题拿出来，在心中做个预演，做好充分的准备。

好处二

从问题中归纳出对方比较关注的方向，即使下次更换提问的方式，依然可以自如地进行应对。

从听众的问题中提炼共性维度尤为关键。领导也好，客户也好，他们关注的维度不可能无穷无尽、变化无常，基本上就锁定在几个重要的维度上。

一旦我们收集到了足够的问题，就可以揣摩和推测出听众的注意力重点在哪里，锁定我们需要重点汇报和准备的方向。

我收集到的一些共性问题

- 你的项目进展到什么程度了？
- 为什么要做这个项目？
- 有没有别的方案了？
- 项目可不可行？
- 目前碰到什么问题？有没有解决方案？
- 什么时候能够完成？

大家有没有发现这些问题有一些共性？它们都是围绕项目的进展发起的提问，关注的维度无非是：项目的目的 / 可行性；项目的进度状态，包括做到哪里、时间节点和资源调配；项目中的问题解决，包括问题是什么、原因、解决方案和需要哪些支持。

除了一些常规问题外，汇报听众也可能会问一些个性化问题。

有位学员来自汽车行业，他的汇报对象是德国人。每次他向领导汇报一些新启动的项目时，领导都会关心地问："这个项目和我们总部的战略是否吻合？"他一开始觉得有点莫名其妙，不知道领导为什么要问这个问题。

时间长了，他开始理解领导的汇报关注点了。对于这样的跨地区、跨国家的项目，他的领导会比较谨慎。领导关注的是这个项目是否与总部整体的经营策略一致，不要出现相抵触的情况。换句话讲，即便这个项目很赚钱，如果和总部的经营思路不相符，他也不会做这个项目。

从领导的问题可以看出他在新项目方面的谨慎态度，以及认为政策高于赚钱的理念，这也给汇报者明确了汇报方向。每次汇报前他都要想好如何证明新项目是符合总部经营策略的，否则很可能导致项目被打回。

由此我们可以看出，多收集听众在汇报时的问题，从问题中梳理背后的关键点和重点，才能让你在汇报中顺利过关。

换位思考法：互换立场感知需求，做到将心比心

换位思考并不容易。比如，别人安慰我们的时候经常会说："我非

常理解你此时此刻的心情。”这句看似很善意的说辞，其实极有可能只是一种敷衍的表述。大部分情况下，我们无法真正进入对方的状态去感受和思考，这只是一种“假换位”。

除了换位思考本身存在的难度，另一个阻碍换位思考的重要因素是我们的思维限制（见图 2–6 所示）。

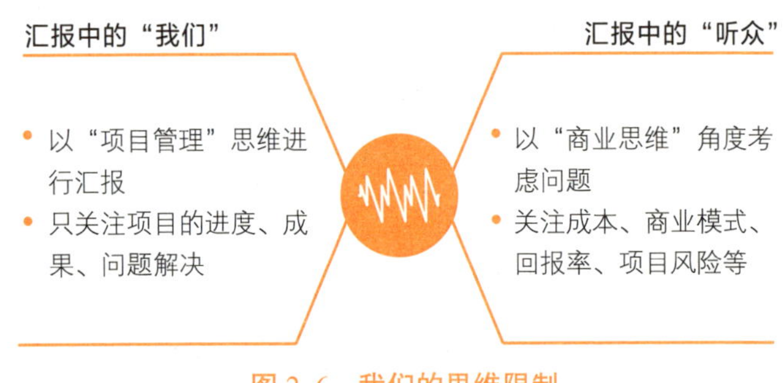

图 2–6　我们的思维限制

真正的换位思考是跳出自己的思维限制，“把自己的脚放到别人的鞋子里”去用心感受。

几年前我接手了一个培训项目，让我非常深刻地体会到了换位思考在汇报中的重要性。

一家大型建筑集团公司年底时组织了一场内部创新分享会，从全国各地的重要项目中召回业务骨干，要求他们在 10 分钟的时间内，上台用幻灯片进行分享和汇报。被邀请的这些业务骨干特别重视这次汇报，都花时间认真准备了汇报材料，制作了精美的幻灯片。

我被邀请去参加他们的试讲会，也顺便帮助他们做些辅导。我们花了差不多一个下午加晚上的时间，请 20 多位业务骨干上台分享试讲。虽然前期大家都做了准备，但结果却不乐观，领导对大家的汇报表现不太满意，几乎 80% 的项目汇报被要求大量修改。这里面到底出了什么问题？

经过梳理，我发现这 80% 的项目汇报基本上都用了类似的结构，把 10 分钟的汇报拆成了三大部分进行讲解。

及格的汇报结构

- 项目概况（项目基本情况的介绍）；
- 创新技术（项目中运用了什么创新技术，原理解释）；
- 成果收益（创新技术为项目带来多少收益，节约了多少成本等）。

优秀的汇报结构

- 痛点问题（项目普遍存在的问题）；
- 创新技术（为了解决问题研发了什么样的创新技术）；
- 案例佐证（列举一个典型案例，用来证明新技术确实好用）；
- 推广策略（未来如何在集团内推广，预期能带来什么样的效果）。

乍一看，这个汇报结构没有什么大问题，逻辑也挺清楚的，怎么就得不到领导的认可呢？

仔细深究一下，才发现问题的关键所在。汇报者大多站在项目执行者的角度去表述，认为只要把项目的具体情况描述一下就好。如果我们换到领导的角度，那么还缺少了什么关键的信息？领导究竟希望通过这样的内部分享会，最终产出什么呢？

其实，这个案例中最关键的是下图中的两个需求点，把它们弄清楚了，汇报的内容结构就好调整了。

？ 为什么要采用这个创新技术？是为了创新而创新，还是真的解决了项目中的困难？

？ 这个技术在这个项目中起作用，会不会是个别情况？这个技术有没有可能复制和推广，让整个集团公司的项目都能从中受益？

尤其是第二个点才是让汇报更加出彩的地方。如果能找到一个优秀的创新技术，在未来让更多项目受益，这次分享会是不是就"卓有成效""硕果累累"，发起项目的领导是不是也可以向更高层的领导去汇报分享会的效果？

因此，经过认真的换位思考，我们找到了问题的症结，重新调整了汇报逻辑。

显然，第二个汇报的内容框架更能符合听众的需求，更能凸显创新技术的高度。

因此，在汇报中，我们需要关注汇报的视角，有时并不是我们对汇报的内容不了解，只是用了错误的角度去呈现。

关键要素法：梳理共性汇报需求，寻找共识方向

除了项目思维和商业思维外，第三种比较重要的思维模式是**管理思维**，就是站在管理者的立场上，寻找汇报中的工作重点。

管理者通常关心的是：对整个部门绩效的贡献度、上级的看法、对其他关联部门的影响、部门中人员的能力和态度等。这些是决定管理者个人和部门成绩，以及在整个公司内影响力的关键要素。

在前面创新分享会的例子中，如果我们能站在组织者或者领导的

角度去思考，就能预判到他们也希望通过这个项目的成功获得更高层级领导的认可，因此我们需要在汇报中呈现那些能带来更大影响的项目。

我们已经提到三种核心的思维模式来帮助我们换位思考，在汇报中，我们越能洞察听众习惯和常用的思维模式，就越能精准提供让思维模式顺利运转的汇报素材。

如果可以把不同思维模式下的关键词提炼出来，那么碰到类似汇报时，只要我们按照关键词提前梳理，找到方向，偏差就不会特别大（见表 2–2 所示）。

表 2–2　不同思维模式关键词

思维模式	汇报关键词
项目思维	可行性、状态、进度、资源、里程碑、节点、行动计划、可选方案、风险管理、成本预算、项目周期等
商业思维	策略、商业模式、投资回报率、可复制性、风险控制、运营流程、产品优势、市场痛点、营销方案、渠道、客户、服务等
管理思维	绩效、跨部门沟通协作、核心价值观、企业文化、利益相关者、激励、辅导、KPI/OKR、人效比、能力 / 意愿、复盘等

除了我们列出的这些词外，还会有更丰富的汇报关键词。在工作中，我们要做个有心人，经常收集类似的关键词，帮助我们在每次汇报前，去匹配听众可能关心的汇报重点。

收集汇报材料，有备而来做汇报

在汇报准备工作中，及早准备充分的素材也很重要，毕竟“巧妇难为无米之炊”。如果平时不注意积累汇报素材，即便有了方法工具，临时找素材又会占用我们大量时间。

汇报小案例

领导发现上个月的客户投诉量突然激增，不知道是什么原因导致的。于是，让前来汇报的小林去搜集过去两年客户投诉的数据，以及客户投诉的类别分析。她希望通过对比这些数据，找到这个月客户投诉量大增的原因。

接到任务后，小林当面承诺会在下班前给领导反馈，可是当他回到自己的电脑前一顿搜索时，才发现自己根本没有这些数据的存档，即便有也是残缺不全的内容，更不要谈客户投诉类别的分析数据了。这也意味着他必须去找拥有这些数据的同事帮忙，而且后续的分析工作还得自己花时间去做，今天下班前根本不可能完成了。

点评：在这个案例中，我们看到小林平日没有养成保存重要信息数据的习惯，对于工作中一些关键数据也没有定期做分析并留档。一旦碰到汇报来临时，所有的素材都必须从头找起，所有的分析也要一个一个去完成，这样他就会花比常人多得多的时间，更容易因为匆忙而出错。

日常养成收集素材的习惯，做个职场有心人

这么多年工作下来，我养成了一个习惯：有意识地收集和保存工作中产生的各种信息和素材（实体的或电子的）。在将这些信息删除或丢弃之前，我总是会问自己一个问题：这份资料我将来有没有可能会用到？如果答案是“会的”，我就会暂时将它们保存下来，以备未来不时之需。

你是否碰到过以下场景：工作中急需一份资料，你的大脑告诉你肯定在哪里见过，接着你满世界去找就是找不到，最终情绪几乎崩溃。虽然心有不甘，但是你也只能花费大量时间，重新制作一份新资料。

在公司的会计档案管理制度中，一般会要求会计凭证、会计账簿等主要会计档案的最低保管期限延长至 30 年，其他辅助会计资料的最低保管期限延长至 10 年。其目的也是考虑到万一在未来某一天需要用到这个资料时，有迹可循，可以及时查找。

当然，收集素材也不能盲目乱来，需要设置一定的标准。不然的话，既会占用空间和浪费时间，也会在需要查找时带来挑战。

只有满足以下条件的，我才进行保存和收集，避免产生垃圾信息。

1. 对工作的开展有重要参考价值和指导意义的素材。
2. 获取难度较大的数据和信息（比如需要麻烦他人提供）。
3. 预期在未来一定时期内（具体时长可自己确定）有可能会用到的素材。
4. 已经过加工处理后的素材（分析的数据报告、调研过的结论总结、复盘经验等）。

5. 某些特殊项目中产生的关键信息素材，较为宝贵。
6. 可为未来提供参考的样板、标杆素材、经过萃取的素材。
7. 通过多种途径收集到的用于提升个人专业度的学习素材。

收集素材是一种习惯，需要我们主动去完成。在工作中，我们要培养细心用心的习惯，不想当然地丢弃一些资料，也不粗心大意地忽略重要信息，这样才能不断淘到有价值的“素材金矿”，成为未来可以为我所用的宝贵资源。

整理素材，分类归总，让汇报变得格外轻松

你有没有试过在自己的电脑里去寻找一份想要的文件，你大概要花多久的时间？怎样才能缩短查找的时间呢？可参照下面的路径进行。

1. 把重要文件和资源分类进行摆放，设定清晰的类别名称及分类依据。
2. 为文件起一个好记、也容易识别的名称，方便通过关键字来查找。
3. 选择高效的查找工具或电脑软件，相比windows自带的查找软件，可以在更短的时间内根据关键字找到资料。

现在无纸化办公越来越成为主流，即便是纸质的材料，也可以通过拍照、扫描等科技手段变成数字化信息。再加上音频、视频等多媒

体素材的不断增加，我们需要收集的素材种类越来越多。还有诸如电子合同的逐渐成熟，让我们身边更多的信息素材可以保存到电脑、手机甚至是云端。

纸质的素材，无论是从数量、空间还是检索难度来说，都会给我们带来更大的挑战，更需要运用有效的方法进行分类和管理（见图 2–7 所示）。

图 2–7　重要材料有效管理

企业在每天的运作过程中，会产生很多宝贵的信息、经验、方法、案例，但是这些所谓的知识，往往只存在于某个人的脑海中，别人看不到、用不了。即便是自己，一旦记忆模糊忘记了，知识也就消失了，这是可怕的浪费和损失。

通过有效保存和管理这些信息，我们就实现了所谓的知识管理（KM）。把这些有价值的内容，通过梳理、提炼、归纳、分类后，存放在一个脱离大脑且安全便于查询的地方，就能让这些信息发挥更大的价值，为不同人所用，让“知识真正成为力量”！

对于汇报来说，我们日常做好信息的收集分类积累，运用知识管理的方法为汇报准备充分、有效的素材，就能最终提升汇报的质量和效果，这才是运用科学和技术有效推动工作的未来趋势。

工欲善其事，必先利其器。在知识管理和汇报素材收集过程中，我推荐大家使用“笔记软件”进行轻量级的信息管理。市面上常见的“笔记软件”包括印象笔记、有道笔记、为知笔记等，可以将我们日常的信息（来自微信、电子邮件、网页端、自己整理的）轻松地保存在电脑或手机端，并实现云存储（把资料放在云端服务器，即使手机没带或丢失，只要有账号和密码，就可以在任何地方访问这些数据）。

有一年我要带全家去国外旅游，事先做了大量旅行攻略。有些是网页上搜索到的，有些是手机端的文章，还有些是我自己做的规划，全部都存在我当时用的笔记软件上，并用标签进行标注以便后续查找。启程去旅游的时候，我一点也不慌。每到一个地方，我都可以随时查看笔记软件上的信息，来指引我的下一步行动。

旅游回来后过了一年，我太太的同事也要去这个国家，于是来向我求助。我轻松地“一键分享”，把之前所做的全部功课链接分享给她，她瞬间就获得了旅游中所需的关键信息、提示、攻略，是不是很高效？

在准备汇报时，我们也要提前收集信息，高效整理信息，快速分享信息，最终完美地运用信息完成汇报内容。

从细节入手，关注隐藏素材，找到出彩亮点

当我们拥有了足够的汇报素材后，是否就能高枕无忧呢？当然不是。如何有效运用这些素材也很关键。

汇报者在面对众多可用的汇报素材时，也会乱了阵脚，要么一股脑都用上，要么拍脑袋随便用。

学习了前面的三种思维模式以及对应的汇报关键词后，我们已经掌握了一定标准，知道可以从哪些重要的维度去挑选汇报素材。

要注意的是，对于一些看上去不太重要，容易被忽略的素材，我们也要谨慎对待。有时那些大家都不会关注的信息，却能让你的汇报变得与众不同。

汇报小案例

这个月公司各家门店的电子产品销量都呈上升趋势，经理很满意。为了借助上升的势头增加销售额，同时把门店更多滞销的产品及早清空，降低库存，经理提议搞一次大型促销活动，将新产品和老产品打包以低于市场的总价销售出去。大家对经理的这个提议都一致赞同，觉得非常好。

但是你一直以来都在观察和收集市场上的信息和数据。你找到去年同期的数据，发现去年在相同的月份里，整体的销量也在上升，看来这个现象可能有共同的原因。你还观察到在随后的 1~2 个月里，会出现部分产品因供不应求而涨价的情况。你再查找了更早两年的数据，都有类似的情况。你据此判断，接下来两个月内，市场上产品的价格可能会上涨。如果这个时候通过降价打包销售，虽然可以增加销

量，但是未必会带来可观的销售额，反而会错过这波涨价的机会。

于是你把这个发现和相关的论据立刻汇报给经理，经理看完后认可了你的结论，暂缓启动这个营销方案，对前期销售好的产品还增加了部分库存。过了半个月，市场价位果然开始上涨，各门店也顺势调价。最终，后两个月的销量和利润都取得了不错的成绩。后期涨价的动力开始明显不足，门店再顺势推出新老产品捆绑折扣销售，就又能赚到一波人气。

正是对汇报内容中一些细微且不为人注意的细节的关注和深入思考，使得原本看上去没有价值的素材，也能在汇报中大放异彩。我们要向优秀的厨师学习，发现好的食材，利用好的食材，用自己的过人眼光和业务能力，做出绝美的佳肴来。

结构篇

设计逻辑清晰的汇报框架

良好的结构能使事物更加坚固，更加富有活力。

——弗朗西斯·培根

第 3 章

随机应变，非正式汇报

职场上的工作汇报种类五花八门，形式各异。同时由于企业的性质、行业差异等原因，对具体某种汇报类型的要求又会各有不同。

这里我们将常见的汇报进行分类，归纳成几种不同的汇报类型，再逐一分析和介绍适合这些汇报类型的结构框架（见图 3–1 所示）。

表 3–1　　不同的汇报类型

汇报类型	具体汇报场景	汇报特点
非正式汇报	口头汇报、短信 / 微信汇报、邮件汇报	即时发生、简短、非正式
总结型汇报	日常工作汇报、年度绩效汇报、述职汇报、项目汇报	总结为主、展示成果、复盘萃取、展望未来
提案型汇报	工作提案、销售提案、项目提案	发现问题、提出方案、推动行动
事件汇报	会议汇报、竞聘汇报、其他特殊汇报	与具体的事件挂钩

在这些汇报类型中，“非正式汇报”是最简单的一种，我们就从它开始介绍（见图 3–1 所示）。

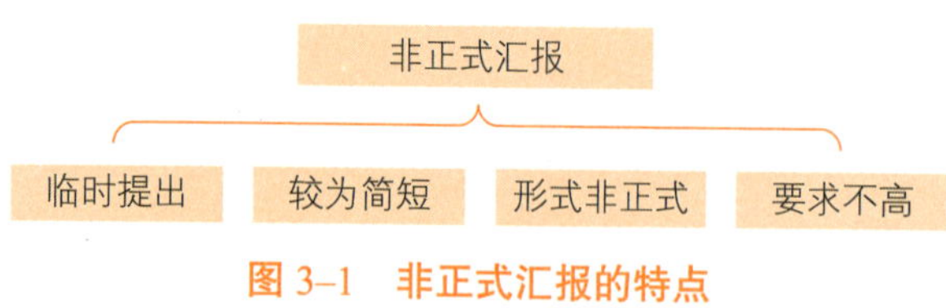

图 3–1　非正式汇报的特点

非正式汇报看起来要求简单，是不是更容易呢？其实并非这样。

由于非正式汇报的汇报时长不长，也没有足够的时间准备，因此要求汇报者要有较强的临场反应能力，能够在有限的时间内“逻辑清晰、言简意赅”地进行汇报。

对大多数人来说，这反而是很难的挑战，处理不好往往容易“翻车”。

口头汇报

前两天合作的培训公司安排我和培训采购方开一个电话会议，以便了解对方的培训需求、介绍课程内容，并做一些必要的答疑。参加者除了我和客户以外，还有培训公司负责接洽客户的助理女生小 A。

汇报小案例

电话会议开始后，我们先彼此打了个招呼，然后就出现了尴尬的一幕：因为培训公司的小 A 没有意识到她应该来主持一下后续的流程，客户方的一位负责人就建议道：“小 A，接下来你来主持一下吧。”小 A 完全没有准备，有点慌神，磕磕巴巴地说了句：“今天咱们主要交流下课程的需求情况，接下来你们就开始吧！”接着，就由我们自己发挥了。

显然事发突然，小 A 临场经验不足，后续的反应也没能展示出应有的专业度，造成尴尬的场面。

我灵机一动，主动接过话题，开始向客户 HR 负责人介绍了自己的背景和课程逻辑。其中一位 HR 负责人提了几个比较直接且有挑战性的问题，我都沉着礼貌地给出了回应。

会议结束后，小 A 在微信上给我留言说：“陆老师，之前我和他们沟通时，他们也经常会问我一些很详细的问题，每次我都很慌张，不知道怎么回答才好。我看你刚才应对得特别好，看来以后要多向您学习……”

在这个故事中，小 A 面对的问题和许多朋友在口头汇报时面对的挑战差不多，必须在很短的时间内，有效地回答领导提出的问题，让对方得到较为满意的答复。

但是每到这样的时刻，很多人会因为紧张而自乱阵脚，胡乱说出一些没有逻辑的话，结果自然很糟糕。

下次再碰到这样的情况，你要首先告诉自己“别慌，先冷静下来”，然后再运用下面几个技巧来完美应对口头汇报。

学好电梯汇报术，掌握即兴汇报关键原则

“电梯汇报”，也被称为“电梯演讲”，就是在电梯上下的有限时间

内，向听众快速完成汇报。

全球著名的咨询公司麦肯锡为一家重要的大客户做咨询项目。一天，麦肯锡的咨询顾问在电梯里遇见了对方的领导，领导随口问了下项目目前的进度。由于这位咨询顾问过于紧张，也没有做过相应的训练，在电梯上下的几十秒内无法有效地回复领导的提问，最终失去了客户的信任。

从此之后，麦肯锡要求公司面对客户进行服务的咨询顾问，必须学会在电梯上下的时间里把项目情况表达清楚。这就是“电梯汇报”这个词的由来。

那么，该如何有效做好“电梯汇报”呢？假如下周四有外部客户来总部参观访问，领导让你负责整个活动的安排，包括接送机、酒店住宿、参观交流、用餐活动等。今天，你在电梯里偶遇领导，领导问你下周客户接待的工作安排得怎么样了。你只有 30~60 秒钟时间来进行汇报，你该怎么说？如果不考虑电梯汇报的几个特点（见表 3–2 所示），汇报中很容易掉入几个陷阱。

表 3–2 电梯汇报的特点

电梯汇报的特点
没有太多时间做准备
没有书面资料可供参考
时间有限，无法做深入的探讨

陷阱一：缺少结论，陷入细节

“领导，关于接送机方面，我们已经安排了司机王师傅去，他会做一块大的接机牌，上面写上……”“领导，中午用餐的话，我安排在咱们公司旁的全聚德酒楼，我点了十道菜，第一道是……第二道是……”。

工作中关注细节没有问题，但是我们换位思考一下，领导此时此刻是真的需要知道这么多细节？还是需要简要了解项目的整体情况？

陷阱二：时序展开，重点后置

“领导，周四早上 10 点钟王师傅会先去机场接客户，接完后直接送酒店去安排入住，酒店我们已经定在 ××× 大酒店，然后我安排了一顿简餐，下午 2 点钟我们在某某会议室和客户召开正式的碰头会……”

按照时间顺序进行汇报虽然符合人们的理解习惯，但会让整个汇报变得拖沓臃肿，而且发生较早的这些事件对整个项目并没有那么重要，领导关心的诸如开会细节、参观流程等信息，反而会因为汇报时间不够而没有机会说出。

想要让电梯汇报取得应有的效果，需遵循电梯汇报的几个原则（见图 3–2 所示）。

图 3–2　电梯汇报四原则

原则一：结论先行

领导关心的不是细节，而是整个工作的阶段性成果及全局性信息，因此首先要给领导一个整体的结论：“领导，关于下周四接待外部客户的项目，我们已经准备就绪了，请您放心。”

虽然只是一句“准备就绪”，却让领导吃了颗定心丸，知道项目总体上来说没有大问题。

原则二：分项简介

接下来，我们可以把汇报内容分为几个重要的维度，用言简意赅的话分别介绍。这样既确保了能覆盖到关键的汇报维度，又不至于过度专注于细节，使汇报变得冗长拖沓。

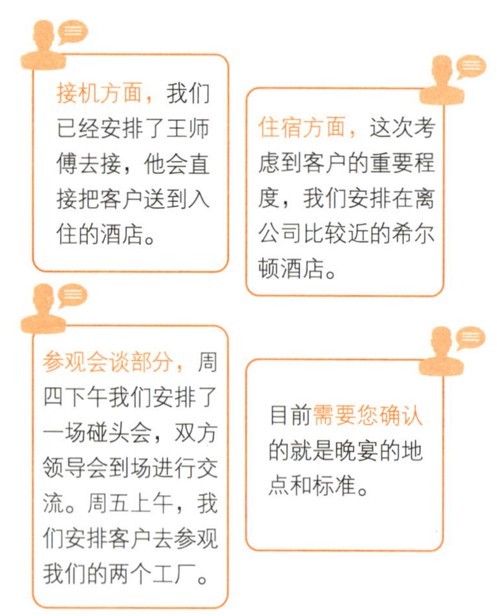

如果时间允许，再加上需要领导确认的几个问题，基本上能涵盖

整个项目最关键的维度。

原则三：重点突出

在汇报不同模块内容时，还要思考哪些内容对领导来说更重要。一般建议把听众较为关心的内容放在前面先汇报，提升汇报效果。

例如，领导通常比较关注“客户接待方面有哪些需要特别考虑的”“我需要参与哪些环节”等内容，汇报者需要尽早让领导知晓。

原则四：后续安排

电梯汇报只有 30~60 秒的时间，如果需要汇报的内容太多，实在讲不完怎么办？这个时候，可以在结尾时做个后续安排：“领导，关于这个项目的情况，我等下到办公室就给您写个邮件，再详细介绍下细节……”或者是“如果您白天有空，我也可以去您办公室，向您面对面详细汇报……”

有了这样两句话作为汇报的结尾，即便领导在电梯里没有完全听懂记住，他知道你会做出后续的跟进，也就放心了。

“电梯汇报”不仅会发生在电梯里，还可能发生在办公室走廊上、茶水间或食堂里。掌握了电梯汇报的应对技巧，你就掌握了如何搞定这类突发汇报的技巧，也能让你的口头汇报逻辑清晰，重点分明，达到良好的效果。

找到听众关心的三个维度，做出有效回应

要想让你的口头汇报达到较好的效果，必须遵循一定的规律和原

则，我们再来做些更深入的解析。

面对即时发生的口头汇报，我们“获胜”的原则并不是要试图“全部命中”听众的关注点，这几乎不太可能，毕竟听众在想什么我们是很难准确判断的。同时，大部分情况下，汇报的听众也并没有想清楚具体要听什么，更多的只是一个模糊的汇报需求。

因此，我们要做的是尽量让我们的汇报内容符合听众的诉求，也就是提高“命中率”。命中率越高，你的汇报给对方留下的印象越好，汇报的效果才会越好。

遇到口头汇报的场景，我们可以先找到汇报中比较关键的三个维度，从这三个维度入手进行表达和梳理，确保第一时间给出反馈。如果后续听众想听更多的内容，我们再根据情况进行拓展。

表 3–3　汇报中三个关键维度

口头汇报场景	三个关键汇报维度
项目情况汇报	已完成 / 正进行 / 将完成
人才培养项目	项目进度 / 核心内容 / 学员反馈
直播情况汇报	销量 / 总上线人数 / 最高在线人数
客户拜访汇报	客户需求 / 产品反应 / 后续行动

我们要养成快速寻找业务汇报中的三个关键维度的习惯，把它们作为汇报的主要方向进行展开，就可以实现“事半功倍”的口头汇报。

化解对方最担心的事，为汇报加分

在汇报中，他们除了关心已经完成的工作外，还会想了解哪些事情会带来问题或隐患。

例如，一位员工在物料仓库旁的休息室里偷偷吸烟，烟蒂未完全掐灭，导致发生火灾，目前火势已蔓延到了隔壁仓库，过火面积超过了 1/3……

面对这样的突发情况，我们该如何快速有效地汇报？这就要求我们去预判领导最担心和关心的是哪些事情，我们必须抓紧报、提早报。

生产企业出现类似突发事故，领导最关心的肯定是人员是否有伤亡，数量是多少，这将关系到事故的严重程度。

如果汇报者了解其中的关键，就会在第一时间向领导汇报目前已造成了哪些损失和影响。如果等领导主动询问了，汇报者还不知究竟，甚至给出“我不太清楚”的回答，那么口头汇报就会成为“灾难”。

除了要及时汇报事故已经造成的人员和财产影响外，还有一些事情是领导比较担心的。比如，是否已经报了火警？消防队是否已经抵达现场？尚未烧到的仓库或物料有没有做人员和物资疏散，避免火势蔓延？公司高层是否已知晓情况？有没有到达现场？等等。

我们可以把这些内容加入到后续的汇报内容中，让汇报更加全面，更符合听众的需求。

对接受汇报的人而言，总有些没有说出来但是在心中悬而未决的事情，这就需要汇报者做好预判和分析，把这些让对方难受的“痛点”和“苦点”讲出来，完成有效的汇报。

提供后续行动计划，让听众放心

口头汇报的结尾通常是提供可靠的后续行动方案和计划。

口头汇报虽然内容不长，但也需要形成一个闭环，就是把一件事从头到尾讲清楚，有因有果，有问题分析，也有方案策略。作为闭环的最后一部分，通常我们需要提供一个详细的后续行动计划。

比如，在前面的电梯汇报案例中，如果我们在结尾处告知领导，后续他会很快收到一封关于项目细节的邮件时，他就不会过于紧张。邮件本身就是一个后续的方案行动计划，可以为口头汇报完美收尾。

同样，在工厂着火事件当中，我们也需要给出一个快速的后续方案，如继续组织员工自救、配合消防队进行火势控制、做好危机公关等事项，让领导放心。

因此，所有口头汇报在结尾处都应该有一个清晰明确的行动计划，把汇报内容转变为有效的行动力和执行力，让听众看到后续你对工作的有序把控，并能预判事情未来发展的走势。

如果接下来你也不知道该如何应对，或者没有更好的方案，那该怎么办？其实你也可以转换下思路：主动向领导请教和请示。在应对一些重要且紧急的事件方面，领导的经验要远胜于我们。

例如，在上面工厂着火的例子中，如果下一步该采取什么行动不是特别清楚，那我们不如直接询问领导需要做些什么安排。领导也知道事情的严重性，他必须出面介入和指挥，这个时候你要做的就是配合领导开展工作。这样一来，你就顺利地解决了这个有挑战的口头汇报问题。

汇报者应该时刻在心中去思考下一步的行动到底是什么，以行动为导向，以结果为汇报的终结，汇报才能有始有终。

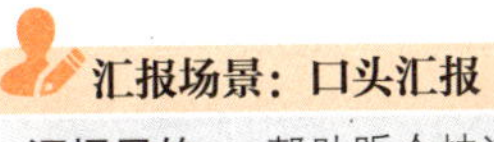

汇报目的	帮助听众快速了解情况，并做出后续决策、行动建议、支持等。
听众需求	了解重要工作情况、问题或隐患、需要自己做什么。
推荐结构	工作的重要信息（三个维度）— 工作中的问题或隐患 — 解决方案（或请示领导）— 后续的行动计划
关键要点	语言简练且精准，不要展开太多细节，逻辑清晰，关注后续行动方案和计划。

微信汇报

我刚工作的时候，工作汇报基本上是通过三种方式完成：面对面、电话、书面。直到手机出现，才颠覆了我们的汇报方式和习惯。

现在人们几乎 24 小时开着手机，也给了我们随时随地进行汇报的可能性。虽然大部分人不喜欢在休息的时候用手机去完成工作上的事，但在真实的世界里，还是有非常多的人需要用短信或微信即时进行任务交流和工作汇报的，因此我们也需要学习如何用这两种方式进行有效汇报。

当我拥有第一台手机时，我就发现可以用短信来进行工作汇报。

微信出现后，我又转而用微信进行工作汇报。作为社交媒体的头号APP，微信除了可以满足生活中的很多需求外，也是工作交流和管理的一大利器。

目前运用微信进行工作汇报主要分为两大类：一是用文字、短语音、图片、视频等在聊天界面中进行汇报，二是借助微信中的工具（如小程序）进行复杂的汇报。我们重点聚焦在探讨第一种汇报场景。

虽然微信的功能十分强大，汇报中可以使用多种素材及不同形式，但在汇报方面也不可避免地存在一些问题（见图 3–3 所示）。

图 3–3　微信汇报的一些问题

目前，运用微信进行汇报的占比，要远小于其他形式的汇报。但从总量上来说并不少，人们也越来越习惯这种非正式的汇报。

了解微信的汇报礼仪

微信属于社交媒体工具，同时具备了社交和工作两方面的职能。在使用微信时，许多人会把个人交流习惯和职场交流习惯混淆在一起，导致汇报中闹出笑话。

- 在汇报时运用过于私人化的称呼或表达，忽视了上下级关系。
- 用过于简单的语言，让对方产生误解，或要通过多轮沟通才能说清楚。
- 开一些不合适的玩笑，涉及不该涉及的个人隐私。
- 拼写错误，乱用缩写或表情符号。

因此，要想通过微信做好汇报，首先要掌握在这些场景下汇报时的礼仪和准则。由于微信中可以加入形式多样的内容，包括文字、图片、音频、视频等，运用起来更灵活，也更容易产生问题。

微信汇报礼仪

要多发图文，不要总发语音	领导可能在开会、坐车、走路，不方便接听或者听不清楚，尽量采取图文方式。
要文字分段，不要一段到底	要简洁明快，分段提炼中心思想，让领导直接抓住重点,但也不要只发一个“哦”字了事。
要方便领导，不要简单应付	领导要某人联系方式，不要图省事截图，可以编辑文字，方便领导拨打电话并存入通讯录。
要考虑周全，不要只想当然	领导问你几点开会，要考虑领导是否坐车去，发一个定位并用文字注明重要信息。
要主动承担，不要推脱责任	领导微信让你临时处理某个事情，不是你的职责范围也要主动承担，并汇报后续结果。
要考虑兼容，不要一发了之	重要资料领导手机不兼容看不了，发文字版便于编辑，PDF版便于打开，拍照版便于查看。
要合理互动，不要乱用功能	表情包、拍一拍等功能要谨慎使用，避免引发尴尬，发信息前仔细查看，发错了及时撤回。

运用微结构组织汇报内容

使用微信进行汇报，要求我们尽量用简洁到位的语句把工作讲清楚，这就考验我们在表达方面的能力和积累。

其实有许多好用的表达结构，可以帮助我们快速组织内容，我们称之为“微结构”。在微信里借助这些微结构，可以很快设计出你的汇报内容。

微结构一：要点型结构

要点型结构就是把要汇报的内容分为几个核心要点，言简意赅地进行表达。

例1：日报/微信

××领导，向您简要汇报今日工作。

第一，目前已完成的工作包括×××

第二，正在进行的工作有×××

第三，明日的工作计划包括×××

第四，特别需要关注的事情是×××

请指示，谢谢！

汇报人×××

例2：出差汇报/微信

××领导，向您汇报今日出差情况。

今日会见：会见哪几位客户或合作伙伴

洽谈进展：商务谈判或会议的进展如何

达成成果：暂时达成的协议或成果有哪些

明日安排：明天的出差拜访安排

请指示，谢谢！

汇报人×××

要点型结构的特点，就是快速抓住汇报内容中的3~4个要点，组织成汇报内容。

微结构二：观点型结构

有些汇报中，汇报者需要表明自己对工作的看法或观点，此时可以使用“PREP”微结构，也被称为万能表达结构。

Point	观点：对某件事的看法和结论。
Reason	理由：为了论证观点有哪些论据。
Example	例子：为了强化理由，有什么适合的案例。
Point	观点：在结尾处再次重申或强调观点。

例如，领导在微信里提问：“你觉得怎样才能提升我们产品的销量？”

运用 PREP 结构可以这么回复：“我觉得需要对销售人员强化产品知识培训（P），因为我观察到很多销售人员在和客户沟通时，不能完整清晰地讲清楚我们产品的特点和益处（R）。比如，上周我看到小王在介绍我们公司产品时，就忘记强调产品在稳健性方面的优势，最终失去了客户（E）。所以，我们需要通过额外安排有针对性的产品培训，让大家更加熟悉产品，才能提高销量（P）。”

短短一段话，逻辑清晰，论述合理，能让汇报听众立刻明白你想说什么。

微结构三：问题型结构

微信具有即时沟通的特点，也很适合问题的汇报。比如，在工厂停产、设备故障、人员意外、客户投诉等场景中，我们就可以借助“问题型结构”快速设计微信的汇报结构。

简化的短信示例

紧急：项目×需立即行动。
-问题：问题简述
-影响：项目影响
-措施：已采取措施
-需求：需要的支持或决策
请尽快回复，截止时间为×××
汇报者联系方式
汇报人×××

除了以上三种常见的微结构外，还有很多类似的结构，需要大家在工作中不断地提炼和总结。当我们碰到要构思一个微信的汇报内容时，首先应该去找找看有没有特别适合借用的成熟结构。

此外，所有汇报的结尾一般都是以请示行动结束的，别忘了在微信最后邀请汇报听众给出行动指示或反馈意见，这样才能推动工作继续下去。

小心“知识的诅咒”陷阱

知识的诅咒

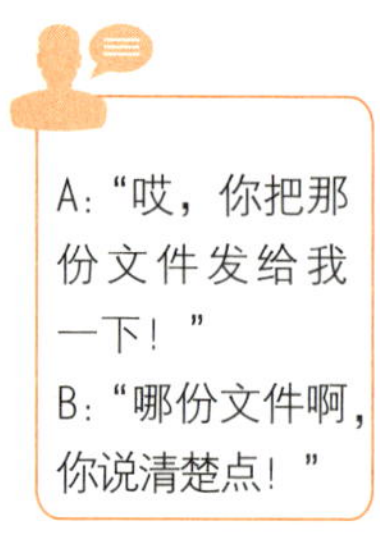

A：“小张，你的报告要尽快交来。”
B：“尽快是多快，你给我个具体日期。”

A：“领导，这个工作下周四应该能完成。”
B：“什么叫应该能完成，到底能不能完成？”

A：“我们公司的GTD系统瘫痪了。”
B：“GTD是什么系统？”

沟通中，如果一方总是说一些对方听不太懂的词句，会导致对方看似收到了信息，但又非常模糊，这种情况我们称之为“知识的诅咒”。

知识的诅咒是指你拥有了某种知识之后，就难以退回到没有这种知识之前的状态，你很容易被你所拥有的知识蒙蔽，使你看问题反而没有以前看得清楚了。它是一种典型的认知偏差。

在汇报中，由于汇报者对要汇报的内容（背景、前因后果、具体情况等）十分清楚，会想当然地认为听众应该也能理解自己所说的信息，却忽略了听众不具备同等的信息或知识，导致产生误解。

例如，你去陌生的城市向当地人问路，尽管人家给你说得很清楚，但是你心里还是比较迷糊，找不到方向。这位给你指路的当地人就是犯了知识的诅咒的错误。

微信汇报中，往往用语简短，看不见动作和表情，特别容易出现“我以为你懂了”“其实我完全不懂”的情况。

1
专业术语
对不太了解的听众来说，要小心使用，最好加一句通俗易懂的话进行解释。
2
英文缩写
少用英文缩写或在后面写出全称。
3
模糊用语
避免歧义，少用：
–应该（不确定）；
–还行（不清晰）；
–基本上（很敷衍）；
–可能（不清楚）；
–差不多（还有问题）。

听到这些模糊的用语时，我们要在大脑中敲起警钟，不能“想当然”地认为已经明白什么意思了。最好的方法就是：澄清意思。

比如，你可以主动追问：“你说的差不多好了，具体是哪一天可以交付了？”这样一来，你就可以明确到底对方想表达什么意思。

有些工作汇报，如果听众不了解其发生背景，就很难准确地明白汇报内容。

比如，在汇报中，对方提到“最近一个月销售额快速上升”，但是对方没有告诉你销售额的上升是因为花重金做了促销活动才带来的，你会错误地以为销售正在稳步回升。

因此，通过微信汇报时，汇报者应该主动说清楚其背景，便于听众正确理解。

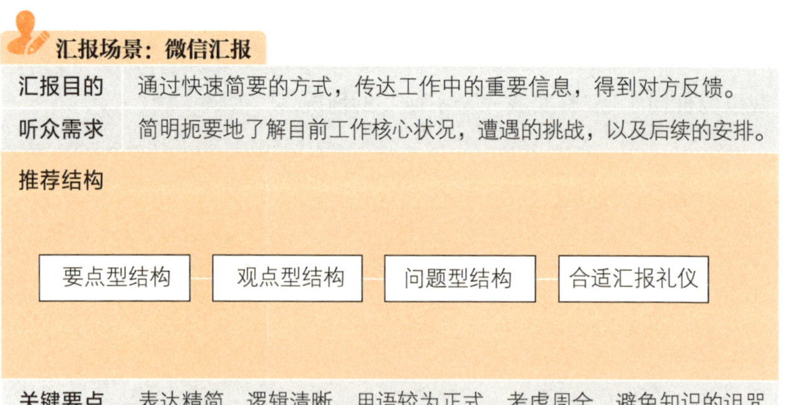

汇报场景：微信汇报

汇报目的	通过快速简要的方式，传达工作中的重要信息，得到对方反馈。
听众需求	简明扼要地了解目前工作核心状况，遭遇的挑战，以及后续的安排。
推荐结构	要点型结构 — 观点型结构 — 问题型结构 — 合适汇报礼仪
关键要点	表达精简、逻辑清晰、用语较为正式、考虑周全、避免知识的诅咒、注重沟通礼仪。

邮件汇报

在工作汇报中，使用最频繁的书面形式，非邮件莫属。

电子邮件诞生于 20 世纪 70 年代，随着互联网的普及，慢慢进入国内。在之后几十年里，即便办公系统和工具不断升级迭代，邮件依然没有被淘汰，还是日常汇报的主力军（见图 3–4 所示）。

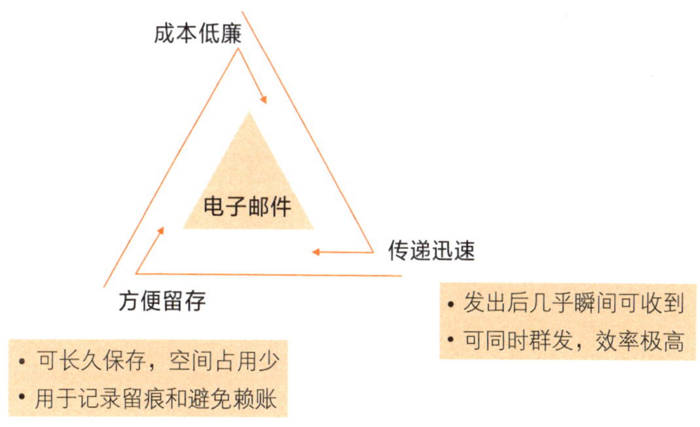

图 3–4　电子邮件特点

虽然电子邮件有种种优势，但在利用电子邮件进行汇报时，还是问题多多。我们需要学习如何用邮件完成出色的汇报。

优秀汇报邮件的要素拆解

优秀汇报邮件拆解

主题：××× 项目——第三季度项目进展汇报

收件人：项目小组成员

抄送：部门经理

尊敬的各位项目小组成员，

我希望通过这封邮件向大家汇报 ××× 项目在第三季度的进展情况。以下是关键成果和下一步计划的概述。

一、项目进展概述

1. 里程碑完成情况

- 我们已经成功完成了项目的第一个主要里程碑，即 ×××，比原计划提前了 × 天。

- 第二个里程碑的完成情况，目前已达到 ××（百分比）的完成度。

2. 项目关键成果

- 在第三季度，我们实现了 ×××，这超出了我们的预期目标。

- 客户满意度调查显示，我们的服务得到了 ××（百分比）的正面反馈，比上一季度提高了 × 个百分点。

3. 风险与挑战

- 我们遇到了 ××（风险或挑战），但通过 ××（应对措施），我们已经成功地将其影响降至最低。

- 目前，我们正在密切关注 ××（潜在风险），并已制定相应的预防措施。

二、财务概况

- 截至目前，项目总支出为 ×× 万元，占预算的 ××（百分比）。

- 收入方面，我们已实现 ×× 万元，达到了预期目标的 ××（百分比）。

三、下一步计划

- 我们计划在下个季度完成 ××（具体任务或目标）。
- 为了提高效率，我们将引入 ××（新技术 / 流程）。
- 我们将继续监控 ××（潜在风险），并根据实际情况调整策略。

四、附件

- 请查附件中的详细报告，其中包含了第三季度的详细数据和分析。

我将在 ××（日期）安排一次会议，进一步讨论这些进展和未来的计划。请告知我您是否能够参加，或者在您更倾向于的其他时间。

感谢您的持续支持和指导。如有任何问题或需要进一步的信息，请随时与我联系。

此致

敬礼！

姓名 / 职位 / 联系信息

这是一封优秀的电子邮件样本，邮件的整体逻辑清晰，内容详细得体，在细节方面处理得也很到位，给人十分“专业”的感觉。

我们可以拆解这封邮件的关键要素，找到做好邮件汇报的要领。

主题。邮件的第一部分是“主题”，也就是这封邮件是要传达什么信息的。有的邮件主题内容会十分简单，只有几个字，比如“汇报”“系统更新”等。这样很容易让人产生误解。

我们一天的工作中有时会收到几十封邮件，如果主题都是如此简单，缺少关键信息，就会让我们忽略一些重要的邮件，也无法通过主题对邮件进行筛选分类。

主题的正确写法应该是使用具体且描述性强的主题，如“2024 年第四季度市场分析报告”，里面包括与邮件内容相关的关键词，让邮件的接收者第一时间能判断邮件是来汇报什么情况的。

收件人。收件人就是接受汇报邮件的具体对象是谁，容易犯的错误包括：遗漏了重要的收件人，发给了不相关的收件人。

遗漏了收件人，会让该知晓情况的人错过邮件，影响后续的工作开展；而发给了不相关的收件人，会让对方产生困扰，也会浪费对方的时间。因此，在选择汇报邮件收件人时，要格外小心。

抄送人。邮件除了要向收件人汇报外，有时还需要让高层领导或相关部门同事知晓。不要为了怕遗漏而大范围抄送邮件，发给不太相关的收件人。

有时，抄送对象的“论资排辈”也很重要。一般职级高地位高的抄送人要靠前写，顺序不能错。

邮件主体。邮件主体就是汇报的核心内容，如何能撰写出逻辑清晰、重点突出、符合邮件礼仪的主体内容，我们在后面会单独介绍。

邮件附件。为了帮助汇报对象理解内容，有时我们需要在邮件里附上一些表格、图片等文件。

在使用邮件附件时，我们要注意两点：（1）最好在邮件的内容中写明这封邮件是有附件的，避免收件人没有注意到有附件；（2）别忘记加附件。邮件里标注有附件，但收件人怎么也找不到，往往是发件人发件时忘记附上了。

邮件高手通常会这样来解决此类问题：收件人空着最后写，先完成邮件内容后，检查一遍有没有加附件。如果一切没有问题，再写收件人然后发出去。因为收件人一旦填好，当我们写完邮件内容后，会习惯性地去点击“发送”按钮，等察觉到附件没附上时为时已晚。

用五步结构清晰撰写邮件

初入职场时，没有人教过我该如何写邮件，更多的是靠直觉或以前的作文基础来写邮件，导致写出的邮件要么太啰唆、思路混乱，要么过于简单、未把想传递的信息说清楚。

直到后来，我了解到写邮件也是有可供参考的结构时，在邮件方面我才慢慢开始步入正轨。

我们来看一封简单的通知邮件，大家找找看里面是否有问题？

案例背景：最近部门在策划下半年的团建活动，部门经理王总想了解下大家的想法，于是考虑在周五下午 2 点召集部门所有人在大会议室开个会讨论下。他委托你代为发出这封会议通知邮件。下面是你最初写的邮件内容。

过于简单的邮件

收件人：部门全体员工

抄送：王总

主题：会议通知

大家好：

现定于本周五下午 2 点，在大会议室召开部门会议，商讨团建活动。请大家准时参加！

——小李

这封邮件是否有问题呢？

首先，前面我们已经提到，邮件的主题最好不要太简单，因此“会议通知”如果能改成“周五召开部门会议讨论团建项目的通知”会更好些。

其次，邮件开场用“大家好”的称呼，似乎有些随意了，作为一个正式的通知邮件，应该有更官方的称呼。

最后，这封邮件最大的问题还是在于主体内容上，描述过于简单，缺少关键信息，让这封邮件看上去不够专业。

在撰写邮件时，可以借助“SOFAR”的五步框架，让邮件内容更翔实得体。什么是 SOFAR 结构呢？

SOFAR 的每个字母代表一个要点，下面我们来一一拆解一下（见表 3–4 所示）。

表 3–4　邮件写作的 SOFAR 结构

S：称呼（Salutation）	– 邮件开始要称呼收件人，表示礼貌 – 如果邮件是发给多个人的，可以用代称，比如各位亲爱的同事、尊敬的客户 – 如果对方有职务，应按职务尊称对方，如 ×× 经理，×× 总监 – 如不清楚职务，可按通常的“×× 先生”“×× 女士”，但要先把性别弄清楚 – 不熟悉的人不宜直接称呼英文名，可以用 Dear Mr. 或 Dear Ms. 加上英文名来表示；或者在不知道英文名的情况下，用类似 Dear Purchasing Manager（采购经理）的代称来表达

续前表

O：开场（Opening）	– 开场不要直接切入主题，要简要介绍背景，如已进入项目收尾阶段、目前工作碰到一些障碍 – 介绍完背景后，明确写出邮件的主要目的：汇报项目的整体情况、探讨如何解决目前碰到的问题
F：事实（Facts）	– 事实部分主要陈述需要对方知晓的信息，可借助要点型结构、观点型结构、问题型结构来组织内容 – 罗列完事实后，要换位思考检核是否遗漏了重要的信息，可能会影响对方理解和决策
A：行动（Action）	– 建议 / 要求对方采取的行动，如“请提供新的资料” – 提醒对方做出合适的反馈或回复，如“如果有任何问题，请和我直接联系” – 要求给予行动 / 反馈的截止时间，如“请于 ×× 月 ×× 日前给予回复”
R：备注（Remarks）	– 可以是对邮件主体内容的补充说明 – 附加信息的提醒，如“随邮件附上……请注意查看” – 感谢或祝词，如“感谢您在项目中对我们的支持”“期待很快相见”“此致敬礼，顺颂商祺，敬祝健康”等

理解了这五个要点的用法，我们可以试着改一下刚才那封邮件。

优化后的邮件

收件人：部门全体员工

抄送：王总

主题：周五召开部门会议讨论团建项目的通知

部门的各位同事（S）：

为了更好地筹备下半年的部门团建活动，本周五下午将召开部门会议共同商讨此事。（O）

会议时间定于周五下午 2 点，地点为大会议室，请大家务必准时出席。如有工作要事确实无法参加，请提前回复邮件请假。（F）

关于团建活动的形式和好的建议，也欢迎大家提前思考，在会上各抒己见。（A）

最后，期待与大家在周五的会议上相见！（R）

——小李

通过修改，邮件内容是不是变得更具体，更清晰了？大家也知道开会将讨论什么，要做哪些准备了。

未来在撰写汇报邮件时，你也可以参考这五步结构，让邮件写作更轻松。

下面这封与供应商汇报沟通的邮件，你可以看看能不能找出 SOFAR 五个元素。

从邮件中找出 SOFAR 五个元素

收件人：张 ×× 工程师（供应商公司）

抄送：刘总（本公司）、李总（供应商公司）

主题：系统改进项目进展事宜的汇报沟通

张 ×× 工程师：

您好！

关于系统改进项目，我们之前已做了多轮沟通，但目前项目仍处于停滞状态。我们希望通过此邮件，推动后续行动，确保项目顺利进行。

在 2 月 10 日的会议上，我们已就系统改进的具体内容，包括具体需求点、迫切程度、解决进度等提供了我方的详细方案。但后续并未得到明确的回复和确认，并且由于具体的对接人更换了几次，使得项目沟通碰到障碍，暂时无法推进下去。

此项目作为本公司今年的重点项目之一，领导非常重视，我们也希望能和贵公司精诚协作，如期完成项目。因此，我们希望尽快解决目前的问题。

请贵公司基于目前的情况，提供具体的解决方案和可行性分析数据，于本周五前以邮件形式发送给我们。我们将基于所提供的信息讨论安排后续沟通事宜。

谨致敬意，期待如期得到贵公司的回复！

——××× 公司 ×× 部门　小杨

掌握邮件汇报的关键原则

汇报邮件作为一种重要的书面汇报材料，除了内容上要合理得当外，也必须遵守一定的职场礼仪。

很多礼仪并没有写在诸如员工手册或规章制度中，但是如果你不小心违反了，也会影响汇报效果。

明确目的，一封邮件最好聚焦在 1 到 2 个主题

用邮件汇报前，我们要想清楚自己写邮件的目的是什么，大家可以结合前面章节所讲汇报目的分析来进行思考。

有时候我们希望通过一封邮件，去汇报不同的信息，解决多个问

题，其实这是个不好的习惯。因为涵盖的内容越多越杂，邮件阅读者越容易失去焦点，把精力分散在多个目标上，导致“贪多嚼不烂”的情况发生。

因此，建议每封邮件只聚焦在 1 到 2 个核心主题上进行汇报和交流。如果确实有多件事要汇报，需要在邮件中清晰地进行罗列，避免混淆。或者另写一封邮件单独汇报。

语言正式，语气谦和

在撰写汇报邮件时，使用语言需要较为正式，不能过于口语化或随意。内容方面，也要尽量简洁直接，避免冗长和不必要的细节。但正式用语不代表要用生硬的书面语，或者用强硬、施压的语气沟通。

无论是向领导汇报、向同事汇报，还是向外部客户汇报，尽量使用谦和的语气交流。这样既满足了公文的正式感，符合沟通礼仪要求，又能让对方获得被尊重、被关注的感受。

当然，也要避免在邮件中直接产生冲突。

注重隐私、保密和文化敏感性

由于汇报邮件有时会群发多人，甚至会传到公司以外，因此不要在邮件中包含敏感、涉及个人隐私，甚至是机密的商业信息，还要遵守企业内部关于信息安全的规章制度。

曾经有大学生在某家银行实习，因为工作没完成想带回家加班做，于是想当然地把客户资料通过邮件发到私人邮箱，被银行的信息安全系统发现，造成了很不好的影响。

另外，由于汇报对象可能来自不同文化背景，在邮件中也要当心不要涉及容易引起文化敏感性的内容，以免引发不必要的冲突。

来往邮件要及时回复和跟进

从沟通效率和邮件礼仪角度出发，当我们与汇报对象有频繁邮件往来时，对收到的邮件要做出及时回复和后续工作的跟进。

有时我们因为收到了较多的邮件而无法快速处理，就容易被一些不重要的邮件干扰，而忽略了另一些需要立刻回复或行动的邮件。因此，建议大家在管理邮件时，要学会为不同的邮件分类，设定轻重缓急。

拿到邮件后，即使无法立刻阅读全文并进行处理，也可以先简单浏览了解邮件的主要内容，然后把邮件归档到合适的文件夹里。紧急的邮件归类后要立刻处理，不紧急的邮件等有空了再进行处理。

如果我们希望对方收到邮件后能立刻有所行动，也建议大家在邮件最后写上希望对方回复或行动的截止时间，不然收件人会默认为这封邮件不紧急，可以慢慢再处理。

认真检查和校对邮件内容

工作邮件出错的案例屡见不鲜，我曾听到的就不在少数。

之所以出现以上情况，除了少数是不可避免的原因导致的外，大部分还是由于写邮件汇报的人自己不用心，没有在发出邮件前仔细检查就发了出去。

对于一些重要的汇报邮件，我建议大家发出前至少要看三遍。

- 写错收件人，把邮件发给了不该看的人，只因名字比较接近。
- 邮件中存在多处错别字，让收件人觉得发邮件的人并不重视。
- 把邮件中的电话号码写错，导致错误号码的主人上门投诉。
- 邮件中的关键时间写错，该来的人没有来，影响工作。

- 收件人是否正确，排序是否得当，有无遗漏收件人。
- 主题栏是否写清楚邮件的核心信息，不会过于简单。
- 通读三遍主体内容，看语句是否通顺。
- 检查有无错别字，关键信息如数字日期等是否写错。
- 检查附件文件是否添加。

有时一时的疏忽，可能会带来后续严重的问题，需要花更大的努力才能挽回。所以，我们要认真对待每一封汇报邮件。

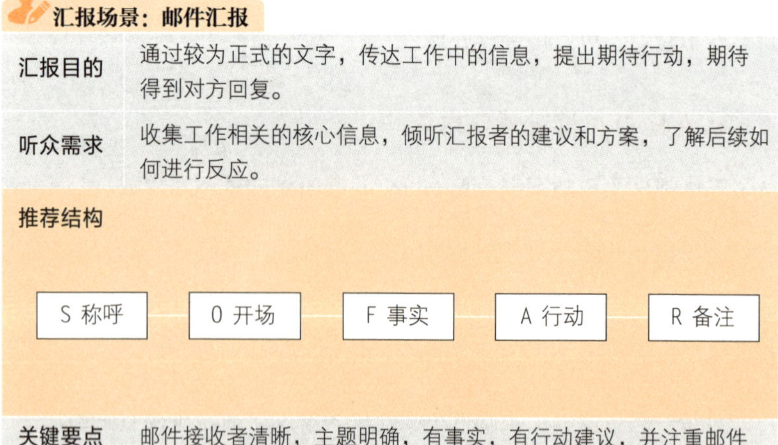

汇报场景：邮件汇报

汇报目的	通过较为正式的文字，传达工作中的信息，提出期待行动，期待得到对方回复。
听众需求	收集工作相关的核心信息，倾听汇报者的建议和方案，了解后续如何进行反应。
推荐结构	S 称呼 — O 开场 — F 事实 — A 行动 — R 备注
关键要点	邮件接收者清晰，主题明确，有事实，有行动建议，并注重邮件礼仪，避免陷阱。

第 4 章

复盘萃取：总结型汇报

在日常工作中，我们碰到的正式汇报场景各不相同，相应的汇报框架也必须随之而变。每周工作汇报和产品开发汇报，适用的逻辑会有很大的差别，需要采用不同的结构进行匹配（见图 4–1 所示）。

图 4–1　汇报的三大挑战

通过研究，我观察到尽管汇报类型多种多样，但有两类汇报几乎占据了日常汇报中 70%~80% 的比重，这两类汇报分别是总结型汇报和提案型汇报。剩下的就是一些比较特殊的汇报类型了。只要掌握了这两类汇报的框架结构，就能掌控大部分正式汇报场景。

总结型汇报是就工作中已发生的情况，做回顾、归纳、总结、复盘式的汇报，比如日常工作汇报、年终绩效汇报、述职汇报、项目汇报等；提案型汇报则是基于工作中碰到的问题挑战，阐述观点，介绍解决方案，并规划后续行动计划的汇报，通常包括工作提案、项目提案、销售提案等。

在本章中，我们先来学习如何做好总结型汇报。

日常工作汇报

日常工作汇报，就是把每天具体的工作情况，阶段性地向领导进行汇报。

日常工作汇报通常有日报、周报、月报、季报等形式。

日常工作汇报的主要目的，是让领导对下属手中的工作有充分的了解，便于做出管理决策；同时了解可能碰到的问题，及时介入处理。

由于日常工作汇报的频次相对较高，许多人在汇报时容易流于形式，走过场，不认真对待。殊不知，正是平时这些不起眼汇报的不断累积，让领导对你的工作表现有了潜在印象，最终影响到你的年度绩效考核，甚至未来的职业发展。

同时，越是重复性的汇报，大家在内容上的差异越不会太大。如果我们能用心在汇报中加入不一样的亮点内容，就能轻松让我们脱颖而出。

在总结型汇报中，我们常用“时序型”结构来搭建汇报的核心框架，也就是用“过去—现在—未来”的结构，从三个维度全面展示手头的工作情况。

过去	现在	未来
工作中已经发生的情况和结果。 例如，“上一周已完成的工作情况”“过去一年内完成的工作和项目情况”等。	针对“过去”的工作内容的复盘和总结。 也可以就碰到的问题进行分析和思考策略。	汇报下一步的工作计划和具体细节。 通常包括“下阶段目标和重点”“计划及时间节点”“需要什么支持和帮助”等。

通过将“过去”—“现在”—“未来”三个部分串联起来，就打造了一个全面且完整的总结型汇报逻辑。

突出重要表现，避免泛泛陈述

汇报小案例

临近月底，又到了部门月会的时间了，部门李经理要求每位主管用 15 分钟左右时间，把这个月各团队的工作情况简要汇报一下。

开会当天，轮到主管刘力第一个做介绍。刘力拿出一张写了很多字的 A4 纸，开始念起来：“这个月我们团队总共做了 11 件事。第一，我们完成了 ×× 产品的生产……”

就这么读了 5 分多钟，才读到第六件事，李经理有些不耐烦了，就告诉刘力："你不要大大小小的事都汇报，挑重点讲。"刘力挠挠头，心想："什么才是重点呢？"

点评：汇报不是读文章，不用事无巨细把全部内容都讲出来，一定要选择重点工作来讲，要有所侧重。

对于日常工作汇报，由于两次汇报间相隔时间较短，在准备汇报时，汇报者脑海中往往关注的都是琐碎的细节和事项，容易"见木而不见林"，导致内容过细，汇报听起来像流水账。

我们要学会在日常工作中区分"常规工作"和"重点工作"，才能让汇报主次分明，重点突出。

常规工作指的是工作中每天都在做，已经形成常态化，琐碎且关注度较低的工作。对刘力来说，每天完成一定量的生产属于常规工作，每天检查安全是常规工作，每天做好现场清理也是常规工作。

常规工作属于工作内容的一部分，领导还是需要了解掌握的。只是一场汇报中，如果充斥了太多常规工作，会让汇报效果大打折扣，我们称之为"减分工作"，领导听完后只会想"这不就是你每天在做的事吗"。

什么是加分工作呢？就是"重点工作 / 重点项目"，它是最近这个阶段领导较为关心，工作中重点投入，工作成果对公司或部门有较大影响的工作或项目。当你的日常汇报中有较多加分工作时，汇报的效果就会直线上升。

通过"日常工作—重点工作"的模块搭配，既能让领导看到你口常很好地完成了既定工作，没有浑水摸鱼，又能展示你的工作亮点，为汇报增光添彩，让领导感受到你在重点工作上的投入和成果。

Lisa 是一家公司的培训专员，需要在 HR 月会上向人力资源总监汇报这个月的工作情况。在了解到汇报时要学会区分工作内容中的“常规工作”和“重点工作”后，她设计了以下的汇报内容。

月会上的汇报（版本一）

陈总，这个月我们的培训课程和培训项目都进展得很顺利……

开课方面，这个月总共组织了四场培训，其中三场由 HR 内部讲师授课，分别为“沟通技巧”“PPT 设计”和“项目管理的艺术”；另一场是由外请讲师授课，是针对初阶管理者的“管理者角色”课程……

年初启动的高潜人才训练营，这个月已经进入第二阶段，按照第一次课程的要求，学员要在下月初完成自己的复盘 PPT。我已经发邮件跟催大家的进度，目前大部分学员都已经提交了作业，我大致看了一下，作业的质量还不错，大家对这次训练营的内容安排也给出了积极的反馈意见……

从上面这段汇报文字中，大家应该能清楚地分辨哪项工作是常规工作，哪项工作是重点工作吧。

对于培训工作，每月设置开设课程属于常规工作，领导只需要简单了解下情况，关注度不会特别高；高潜人才训练营则是一年当中重要的项目，而且涉及企业的核心人才，领导一定希望多了解些情况。

在实际工作中，我们的常规工作不可能只有一项，重点工作往往也会有多个，在汇报时就要注意做些选择和调整。

对于常规工作，如果类别特别多，那么可以合并同类项，把相近或相似的项整合在一起汇报。不太重要的工作，可以简单一句带过，甚至忽略不讲也没有大问题。

对于重点工作，可以按重要程度排个序，最重要的先着重讲，不那么重要的后面简要讲，让汇报整体呈现出“错落有致、节奏合理”的效果。

用好核心数据，赢得听众认可

在上面 Lisa 的汇报内容中，虽然区分了常规工作和重要工作，但在内容方面似乎还缺了点什么。

比如，在汇报开课情况方面，Lisa 只讲了具体开了几门课、什么内容、谁来上的课，但对课程的效果却只字未提。

同样，在汇报高潜人才项目时，虽然 Lisa 对项目中学员作业的质量和课程的反馈有一定的描述，但表达上用“质量还不错”“学员给出积极的反馈意见”会给人一种模糊的感觉，无法让领导了解具体的情况。

作为汇报听众，一不小心就会被这样的表达蒙蔽了双眼。究其原因，汇报中用了太多定性但不定量的虚词进行描述。“大概可以完成”“应该没问题”“反应还可以”，这样的虚词并没有真实展示出工作中的状态和问题，还会给人一种蒙混过关、混淆视听的感觉。

要想完成一个高质量的汇报，就不能仅停留在文字的描述上，还要尽量用有力的数据指标来展示工作的结果，这些数据指标是衡量工作效果的权威标杆。

用这种“具体描述 + 数据指标”的组合，能让汇报的听众清晰地明白“做了什么”“有多少贡献”“带来什么成果和价值”，一目了然地评估工作完成的质量。

比如，每隔多久收集一次市场信息，包括哪些具体维度；参加了几次发布会，哪几次获得了特别有价值的信息；学习了哪些软件，学到了什么程度，解决了工作中哪些问题。

对于销售人员来说，每月销售的单数、每单的销售额、销售指标的完成率就是关键指标。除此之外，客户的拜访量、客户的投诉率等也常是考核销售人员工作的重要指标。

对于客户服务岗位、营销岗位和财务岗位，有各自不同的关键性数据指标，必须要花时间弄清楚哪些才是关键量化指标。就像我们开车时，仪表盘把行驶中需要了解的关键数据和信息，一目了然地展示在我们面前，方便我们了解车况，做出判断。

有些工作因为其特殊性，不一定有特别明确的数据指标，我们也要主动去找一些数据，“造出”一些指标来，让汇报看上去更“靠谱”。

了解了这一点，我们再来优化一下 Lisa 的汇报内容，加入一些量化的内容。

月会上的汇报（版本二）

陈总，这个月我们的培训课程和培训项目都进展得很顺利……

开课方面，这个月总共组织了四场培训，其中三场由 HR 内部讲师授课，分别为“沟通技巧”“PPT 设计”和“项目管理的艺术”；另一场是由外请讲师授课，针对初阶管理者的“管理者角色”课程。

大家对这些课程的热情高涨，前三场的报名人数都在 20 人以上，参训率也达到了 95% 以上。第四门课因为是由部门经理选派的员工，人数控制在讲师建议的 15 人左右，从课后评估问卷来看，大家对这次课程安排和讲师质量都很满意，讲师总体评分在 4.9 分，学员也提到希望未来有更多这样的培训。

年初启动的高潜人才训练营，这个月已经进入到第二阶段，按照第一次课程的要求，学员要在下月初完成自己的复盘 PPT。我已经发邮件跟催大家的进度，目前得到回复的 10 个人中，有 8 个人已经完成了作业，还有 2 个人也确认下月 5 号前可以把 PPT 给我。另有 2 个人在出差中未回复，我会继续跟催。

已经提交的几份作业我大致看了一下，作业的质量还不错，大家对这次训练营的内容安排也给出了积极的反馈意见，对学习内容的安排都很满意。

通过不断优化调整，汇报就会有具体描述，有可靠数据，内容变得更扎实了。

呈现工作问题，提供解决思路

领导听汇报除了要了解完成了哪些工作，也会格外关心工作中有没有出现一些问题。

了解工作中问题的目的：一方面是希望掌握最新的情况，以便制定后续决策，或及时向更高层领导汇报；另一方面也想看看下属是否已经找到了合适的解决方案，需不需要自己协助，还需要哪些支持。

因此，日常工作汇报在汇报完近阶段工作情况之后，要及时切换到问题的汇报上。

由于日常工作汇报中涉及的问题通常不会特别复杂，汇报时间也不会很长，因此我们可以按以下四个模块对问题进行拆解。至于复杂的问题汇报，我们会在后面的提案型汇报中具体讲解（见图 4–2 所示）。

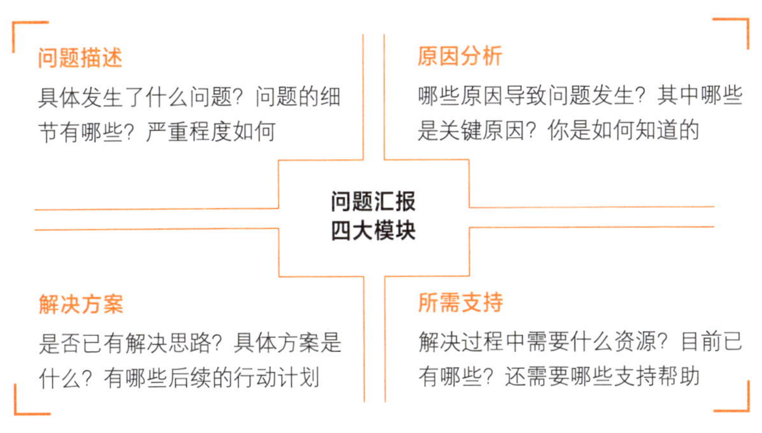

图 4–2　问题汇报四大模块

按照这四个模块组织汇报内容，就可以把工作中的问题讲清楚。

在实际汇报中，要汇报的可能是前面“常规工作”或“重点工作”

中涉及的问题，那就放在相应的部分里去讲；如果和前面汇报的内容没有关系，就单独汇报。

比如，前面的案例中，Lisa 汇报的最后一段里，可以单独加上目前工作中碰到的挑战和问题。

关于问题的汇报（原始）

目前碰到一件事，销售总监希望安排一位外请讲师给销售上“如何运用大数据提升销售业绩”的课，但是具体要上什么内容，请什么样的讲师，我问了他几次，他都没有说清楚。

我打算先到市场上去找一些同类型的课程大纲，再问以前合作过的机构要些资料，然后约销售总监亲自聊一下他们的想法。不知道您觉得这样是否可行。关于这样的课程，是否真的适合我们的销售，我也想听听您的意见。

看完这段汇报，你是否能清晰地区分里面的四个模块分别在哪里？我们来分析一下。

关于问题的汇报（拆解）

问题描述：目前碰到一件事，销售总监希望安排一位外请讲师给销售上“如何运用大数据提升销售业绩”的课，但是具体要上什么内容，请什么样的讲师，我问了他几次，他都没有说清楚。

原因分析：在这段文字里，虽然没有直接点明问题的原因，但从问题描述的最后一部分，大致可以看出是因为“销售总监自己没有想清楚”，也就是他自己暂时也没有什么思路。

解决方案：我打算先到市场上去找一些同类型的课程大纲，再问以前合作过的机构要些资料，然后约销售总监亲自聊一下他们的想法。

所需支持：不知道您觉得这样是否可行。关于这样的课程，是否真的适合我们目前的销售，我也想听听您的意见。

通过分析，问题汇报的整体思路瞬间就清晰了！

如果在日常工作中并没有出现大问题，是不是汇报里就不用讲了？没有问题确实可以不用讲，只是领导心中的“安全感”似乎还未得到满足。这时我们可以试着把视角拉远放大，去寻找一些隐藏在工作深处的问题进行汇报。

我有个同事就深谙此道。每次部门开月会的时候，他除了汇报常规工作内容外，总能找到一些工作中被忽略的地方去汇报。比如，最近人员流失率比较高，他去找了些数据做分析；某部门最近不太和谐，他去主动协调；某个工作数据计算太烦琐，他设计了一个快捷计算的 Excel 工具表。

虽然这些事情并不是影响工作的大问题，但也是领导十分关心的。通过有效汇报，不仅可以让领导知晓情况，看到下属主动解决问题的行为，还可以给领导留下深刻的印象，收获良好的汇报效果。

汇报场景：日常工作汇报

汇报目的	介绍日常工作的状况和结果，得到认可；提出日常工作中的问题，得到必要支持。
听众需求	了解核心工作的进度状态和结果，面临的问题是否得到良好解决，需要哪些支持。
推荐结构	上阶段工作状况：常规工作（进度描述、关键数据）、重要工作（进度描述、关键数据）；工作中遇到问题：问题描述（问题描述、原因分析）、问题解决（解决方案、所需支持）；下阶段工作重点：阶段目标（核心目标、重要节点）、行动计划（行动计划、所需支持）
关键要点	要区分常规工作和重要工作，提供量化数据和指标，问题汇报要清晰。

绩效汇报 / 述职汇报

汇报小案例

临近年底，又到了部门绩效评估谈话的时间。每年按照惯例，部门老大汪总要和每位员工进行一次简短的 15 分钟左右的沟通，让每位员工有机会汇报自己一年的工作表现，并以此作为后续绩效评估打分的参考依据。

今天，轮到员工梁超和汪总面谈，梁超属于产品开发团队的一员，会参与具体的项目，与同事合作开发一些新产品。面谈开始后，汪总习惯性地开始提问："小梁，你觉得今年的工作情况如何，简单介绍一下吧。"

"汪总，今年的工作情况我觉得还行，年初我们先就去年未完成的 A 产品继续开发，大约在过年后完成了开发工作；到了三月份，考虑到市场上的一些新变化，我们团队又开始了 B 产品的可行性分析，持续了三个月，这期间我还参与了另一个项目团队的工作……"汪总开始还饶有兴致，但是越听越有点不耐烦了。

点评：绩效汇报对员工一年的表现有决定性作用，千万不要报流水账，要学会展示自己的成果。

我曾问过一些朋友，一年当中他们通常要做多少次汇报。汇报频次高的，每周甚至每天都要向领导汇报，但也有人一年只要做一次汇报，就是年终绩效汇报。

无论是哪种情况，我们在工作中几乎都无法逃避的汇报场景，就是绩效汇报。因为几乎所有企业都需要对员工的绩效做考评，作为涨薪、奖金、晋升等的参考依据，而绩效汇报就是评估的重要过程。

绩效汇报是员工对工作绩效进行评估和总结的汇报形式。它通常包括员工在一个特定时间段内的工作成果、目标达成情况、贡献度、能力提升等方面内容。常见的绩效汇报包括半年度绩效汇报和年终绩效汇报。

另一类和绩效汇报相似的汇报类型叫**述职汇报**，是指下级向上级、主管部门陈述任职情况，包括履行岗位职责，完成工作任务的成绩、缺点、问题、设想，从而进行自我回顾、评估、鉴定的报告形式（见表 4–1 所示）。

表 4–1　　绩效汇报和述职汇报的异同点

相同点	不同点
目的性： 都是为了向管理层或团队成员展示个人或团队的工作成果和进展	**侧重点：** 绩效汇报侧重于量化的成果和目标完成情况，强调的是工作成果和效率；述职汇报侧重于个人或团队的工作职责和角色履行情况，强调的是职责执行和职业发展
反馈机制： 都是反馈和沟通的过程，旨在通过汇报来获得反馈，以改进未来的工作	**内容范围：** 绩效汇报更关注具体的业绩指标，如销售额、项目完成度、客户满意度等；述职汇报更关注职责范围内的工作内容，包括日常工作、项目参与、团队协作等
评估依据： 都涉及对员工或团队过去一段时间内工作表现的评估	**时间跨度：** 绩效汇报可能更频繁，如季度、年度，根据公司绩效管理周期而定；述职汇报周期则较长，如年度或任期结束时，更侧重于长期的工作表现和职业规划
正式性： 都是正式的汇报，需要提前准备，并且可能涉及书面材料	**目的和结果：** 绩效汇报目的在于评估员工的工作表现，结果可能直接影响薪酬、晋升等；述职汇报目的在于展示个人的职业发展和工作能力，结果可能影响职业规划和培训需求

总的来说，绩效汇报更注重结果和效率，而述职汇报更注重职责的履行和个人的成长。两者都是组织管理中不可或缺的部分，有助于提高工作效率和员工的职业发展。

在我看来，这两种汇报类型非常接近，我们把它们放在一起来介绍。

建立汇报权威，展现工作成果

与其他汇报类型相比，绩效 / 述职汇报的重要性是不言而喻的，汇报结果也会影响到未来的绩效考评和职场发展。然而，在真正面对这两类汇报时，汇报者往往表现得非常糟糕（见图 4–3 所示）。

图 4–3　汇报者的糟糕表现

这些问题会让本该为自己工作加分的汇报，变得漏洞百出。

要想解决这些问题，除了要学习一些结构和技巧外，最重要的是要先在心中建立起一种权威感。

所谓权威感，就是从骨子里相信自己的工作完成得很不错，汇报的内容也是足够权威的。这不是一种盲目自信，而是对自己工作的认可和实力的信心。

通过转换自我的认知，让我们从消极被动的汇报状态转变到积极主动的汇报状态，才能为汇报开个好头。换位思考一下，哪位领导喜欢一个对自己工作表现都没有信心的人？

自信的人一定相信自己是足够专业权威的，做人如此，汇报也是如此。除了建立汇报中的自信外，绩效/述职汇报也要有扎实的内容来打基础。

通常绩效汇报/述职汇报的第一部分，可以借用“背景回顾+总体结论+工作成果”的公式来呈现。

背景回顾

汇报要点小提示

汇报开场，简要介绍一下汇报所在时间段的背景情况，包括：

- 汇报内容所涉及的具体时间段；
- 该时间段内的外部环境（经济、行业、政策等）；
- 该时间段内的内部环境（企业策略、重点工作、变革变化等）。

为什么要介绍这些背景？因为最终绩效的状况，都与这些背景相关联。如果不了解背景情况，就缺失了参照物，很难精准地理解实际绩效水平。

比如，如果当年度整体行业情况不佳，那么在汇报时不能拿出很出众的绩效来，就变得情有可原。反之，行业情况较好，听众对绩效的期待值也就会比较高。

总体结论

汇报要点小提示

按照金字塔原理的第一原则“结论先行”，在绩效 / 述职汇报中，我们应该先给听众一个总体的结论，来概括绩效或履职方面的整体情况。

比如，可以用“今年度，我们整体完成了 ××× 个项目……”，或者“履职一年来，我们团队获得了 ××× 成果”，让听众对绩效有个全面整体的了解和感受，然后接下去再分模块详细介绍。

展示成果

汇报要点小提示

大部分企业都会运用绩效管理体系来管理和评估员工的工作情况：无论是传统的 KPI（关键绩效指标）体系，还是近年比较流行的 OKR（目标与关键成果法）体系，或者是针对高层考核的平衡计分卡体系，都会对员工的绩效有相应的指标和标准。因此，在第三部分中，我们可以结合之前设定的绩效指标展示相应的成果。

回顾期初的绩效目标。在汇报中，回顾年初或期初获得的绩效目标，比如销售额达到 200 万、完成 ××× 项目、提升客户满意度到 95% 等。这些绩效目标一般是在年初或期初，通过与领导的绩效面谈确定下来的。

展示相应的绩效成果。针对绩效目标，依次罗列出相应的绩效成果。如果绩效目标特别多，那么可以将相近的合并，重要的先讲，忽略一些不重要的目标。

在提供绩效成果的时候，一定要有量化的数据，用数字说话。这样才能给听众留下真实且深刻的印象。

复盘亮点工作，总结不足经验

汇报完工作成果后，很多人会选择立刻汇报下一阶段的工作计划。不知道大家在向领导汇报时，是否曾听过“缺少亮点”这样的评价。那究竟什么是亮点？亮点就是在众多工作中，可以拿出来展示一下的优秀工作。有时候，亮点工作不光可以证明自己的工作做得很出色，也可能成为领导汇报的重要素材。

想象一下，如果领导管理着五位下属，每个下属都没有拿得出手的亮点工作，那么领导在向高层汇报时，是不是也就没有“亮点”可以讲了？“亮点工作”的最佳汇报方式，就是进行复盘总结（见图4–4所示）。

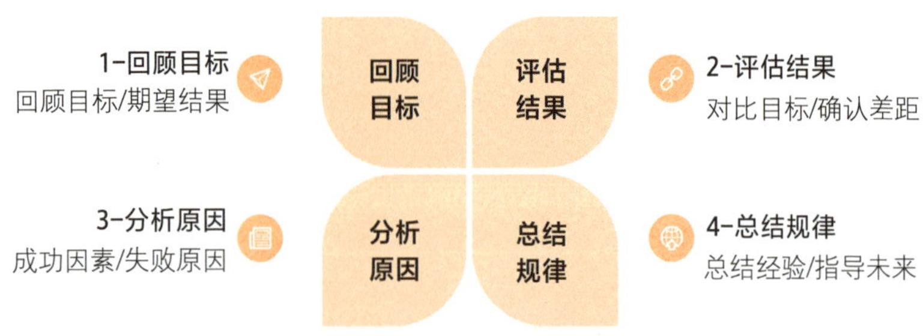

图 4–4　复盘的四步法

在汇报中，我们不仅要告诉听众我们成功地完成了一件工作，还需要告诉他们我们是如何成功完成的，以及从中能学习和萃取到哪些经验。

我们看下如何把这个步骤运用到亮点复盘中。

第一步：选择合适亮点项目，介绍背景，展示初步策略

从这阶段工作中选出一两个特别成功的项目，作为复盘对象。然后按照下面的顺序进行介绍。

项目背景：当时是如何接到这个项目的？当时的内外部环境（市场情况、政策情况、内部压力、获得资源情况等）如何？

初步策略：接到这个项目后，你和团队是如何规划方向、设定目标、制定策略的？之所以要介绍初步策略，是为了让听众感觉到项目的成功来源于个人和团队的智慧，并不是因为运气等随机成分而获得的。

第二步：项目遭遇哪些挑战，最终如何一一化解

项目复盘其实有点像讲故事的过程，好的故事一定是“跌宕起伏”的。不要急着马上介绍项目成果和收益，而是要介绍项目过程中碰到了哪些挑战，团队是如何运用才智和努力化解危机的，这样才更能体现项目的难度和价值度。

第三步：展示亮点成果，呈现优秀绩效

这一部分重点向听众“秀肌肉”，着重展示项目取得的成果和绩效（见图 4–5 所示）。

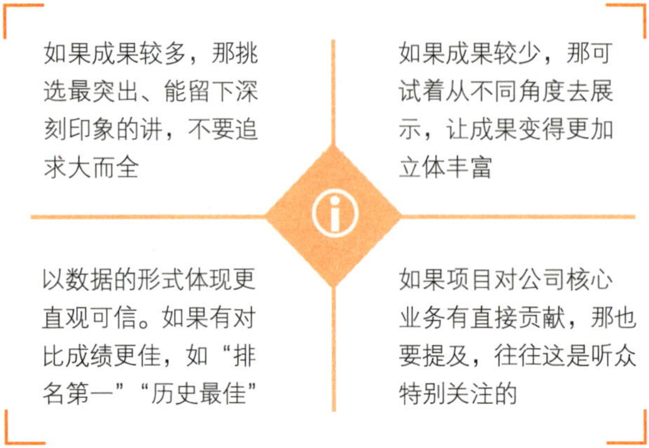

图 4–5　向听众“秀肌肉”

第四步：复盘项目经验，做到举一反三

从项目过程中萃取宝贵经验，形成未来可以借鉴的经验、方法、工具、流程等。

通过这个亮点复盘模型，我们可以清晰有效地展示工作成绩，让领导对我们刮目相看。

汇报小案例

3 月份的时候，我们接到总部通知，让我们开始推动新产品替代老产品的项目，要求我们用 3 个月的时间完成 80% 老客户产品的更换。由于经济的影响，今年年初很多企业的开工率都不足，产品更换的项目预期不太容易实现。（项目背景）

我们当时决定，先从老客户中几个规模较大、合作度较好的工厂开始推动，难度会比较小。一旦它们愿意更换了，其他规模小一点的

客户就不太可能拒绝了。（初步策略）

从 4 月份起，我们从老客户中挑选了 6 家比较适合的，集中全部力量和对方的负责人和高层沟通，希望能在较短的时间内说服对方。但是没想到 6 家中有 3 家都不愿意配合，主要的原因是担心更换后影响产品质量，以及后续的维护成本会大幅提升。这件事来来回回拖了不少时间……（遭遇挑战）

为了让这 3 家客户能快速跟进，我们做了大量工作，多次上门去沟通，带去了外部实验室对新产品的检测报告，并向总部申请了长期费率较低的维护方案。最终通过努力，我们在 5 月初与剩余 3 家企业签订了更换产品的协议……（化解危机）

截至 6 月底，我们已经完成了 24 家老客户的产品更换工作，占据所有老客户数量的 90%，超预期地完成了这个项目。在沟通中，已有 10 家客户与我们续签了产品后期维护的新协议……（成果绩效展示）

从这个项目中，我们学到了当项目碰到困难时，先不要着急陷入情绪中，而要站在客户角度思考他们关注的点在哪里，思考如何设计一个让他们觉得能够平衡利益的方案。保持和客户良好的沟通非常重要。（复盘经验）因此，经历这个项目后，我们决定每三个月召开一次客户的座谈会，倾听他们的声音。同时邀请一些重要客户去总部参观，让他们也能看到我们的实力，坚定使用我们产品的信心……（举一反三）

除了亮点项目的复盘，我们也可以针对工作中不如人意、未达目标的项目进行复盘反思。其结构可以参考复盘四步法来设计。

制定未来规划，明确工作思路

有人说，绩效 / 述职汇报关注的重点在过去，因为过去做过的事才能体现你的真正工作质量；也有人说，绩效 / 述职汇报应该关注未来，因为过去已逝，无法改变，而未来才是你可以去实现的。

这两种观点，本质上没有冲突，总结过去是为了更好地实现未来，两者紧密地联系在一起（见图 4–6 所示）。

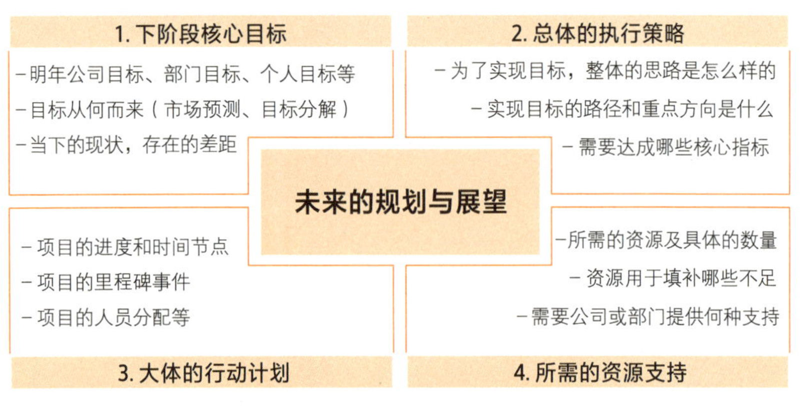

图 4–6　未来的规划与展望

通常在绩效 / 述职汇报的时间点上，关于下阶段的很多工作细节还无法获得（比如预算、人力、策略等），因此这部分内容可以不用特别精准和详细，主要提供发展的方向。等到来年或正式进入下个工作阶段前，还需要根据具体情况再做汇报。

以上结构，是常规的绩效 / 述职框架。考虑到不同公司、不同业务板块有各自的汇报要求，大家完全可以在这个框架下进行调整和修改（加入团队管理、个人成长的绩效回顾等），不用受限于这个框架。

汇报场景：绩效/述职汇报

汇报目的　介绍年度或阶段性工作成果，对重点工作进行复盘，展示下阶段工作方向和计划。

听众需求　了解年度或阶段性工作情况，明确汇报者的价值贡献，梳理下阶段工作规划。

推荐结构

绩效总结				工作复盘				未来方向			
总体介绍		核心成果		亮点复盘		不足复盘		未来目标		行动计划	
整体环境	绩效总结	指标回顾	成果数据	1背景策略 3成果绩效	2挑战应对 4经验萃取	1不足差距 3后续改善	2原因剖析 4教训总结	核心目标	执行策略	行动计划	资源支持

关键要点　要对关键绩效指标进行盘点；挑选少量优秀或不足项目进行复盘，学会在复盘中凸显自己的价值和付出，对不足部分要谦虚总结，不要推卸责任；对未来工作要有自己的想法，但不脱离公司整体战略。

项目汇报

项目是指人们通过努力，运用各种方法，将人力、材料和财务等资源组织起来，根据商业模式的相关策划安排，进行一项独立的一次性或长期的工作任务，以期达到由数量和质量指标所限定的目标。

项目不同于平日需要完成的琐碎任务，是一种较特殊复杂的工作，因此在汇报方面也有自己的要求和特点。

项目的特殊性体现在两个方面。

任务复杂性

项目通常比工作任务要复杂得多。项目由许多个小任务构成，每个任务又涉及很多细节：任务目标、时间要求、资源调配等都可能完全不同。任务的复杂性会给项目汇报带来很多压力。

沟通复杂性

项目中涉及的个人和组织也很多，项目负责人需要和上至高层领导，下至普通员工，横至跨部门人员互动和交流，这中间也会产生很多需要汇报的细节。

有些项目还涉及矩阵式管理，也就是存在“多头汇报”的情况。项目参与者既需要和项目中的负责人汇报，还需要向所属部门的领导汇报，容易导致工作安排上的冲突，又为项目汇报增加了难度。

我们把项目汇报分成三种类别：项目启动汇报、项目进度汇报和项目总结汇报，分别介绍具体的汇报结构。

项目启动汇报，讲清八大要素

在职场上工作多年后，我每年的工作中开始出现不少复杂的项目要去完成。

其中一个项目是亚太总部发起的新项目，之前从未做过。作为项目的主要发起人，我必须召集 CEO 和各部门领导，在一个 45 分钟的会议里向他们汇报这个项目的细节。

由于缺少类似的汇报经验，虽然我很流畅地读完了汇报材料，但是大家似乎不满足于纸面上的这些信息，开始向我发问。很多问题我从来就没有考虑过，于是被大家问得焦头烂额。

那一次经历让我意识到，一个项目的启动，不是简单地告知参与者一些信息就可以了。作为项目的主要负责人，必须通过有效的汇报让大家明白为什么要做这个项目，以及后续如何开展这个项目，那么之后项目的推动才能变得更顺利。

想要在项目启动汇报中把项目的情况讲清楚，我们来学习“项目八要素”的结构。任何一个项目，不管简单复杂，都会包含八个基本要素。在项目启动时我们要按顺序把这些要素让听众了解和认可。

项目的可行性分析

可行性分析，也就是要向听众证明项目发起是有必要的，而且实现的可能性较大，这样听众才愿意投入和参与项目（见图 4–7 所示）。

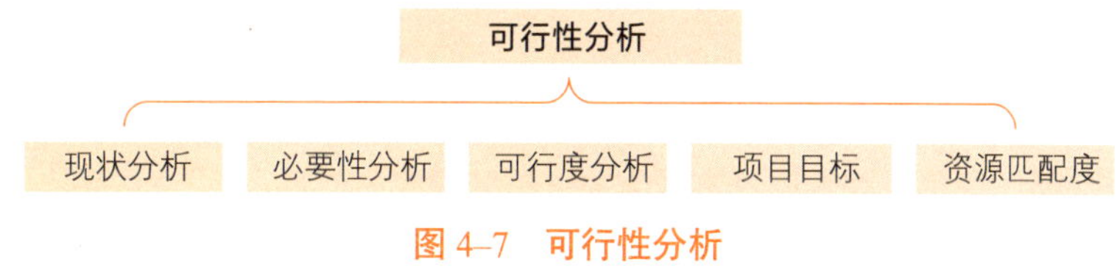

图 4–7　可行性分析

项目实施的关键里程碑

里程碑是指项目中的关键节点，标志着项目从一个阶段过渡到另一个阶段，或者完成了某个重要的任务或目标（见图 4–8 所示）。

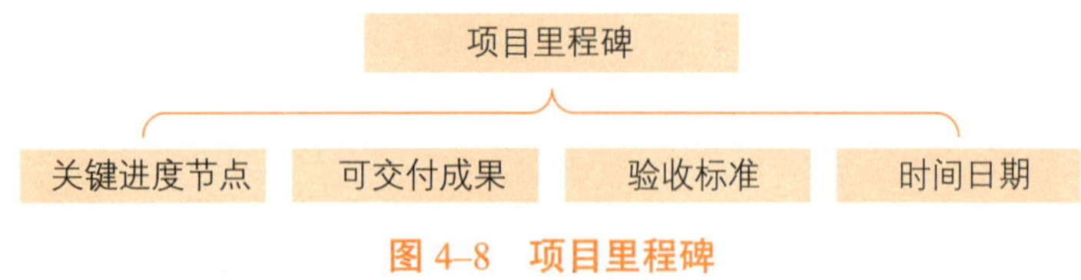

图 4-8　项目里程碑

项目中的职责分工

项目中的每件事都需要有人完成，因此需要界定清楚具体参与的部门 / 团队 / 人员，以及各自负责的项目任务，让每个人明确自己在项目中要做什么。我们可以借助 RACI 模型来界定项目中的角色分工。

Responsible	谁执行，即负责执行任务的角色，具体负责操控项目、解决问题。
Accountable	谁负责，即对任务负全责的角色，拥有最终决定权。
Consulted	咨询谁，即在任务实施前或实施中提供指定性意见的人员。
Informed	告知谁，即及时被通知结果的人员，不必向其咨询或征求意见。

要注意的是，每个子任务应该有且仅有一个“A”，避免权责滥用、无人决策以及职责推诿。同时，检查“C”和“I”的角色分配是否合理，避免咨询顾问过多或无关人员掌握太多信息。

利益相关者分析

所谓的利益相关者（stakeholder），也称项目的干系人，是指项目的参与者以及与项目的成败利益相关的个人和组织。利益相关者分析的目的就是找出这些人或组织，明确沟通策略，从而使其有利于项目的推进。

项目任务分解（WBS）

就是将工程项目的各项目内容按其相关关系逐层进行分解，直到工作内容单一、便于组织管理的单项工作为止。通过工作任务分解，可以把复杂的项目分解成单个可执行的任务，让执行人清楚地了解具体要做什么。

具体的呈现方式，可以用分解图来展示（见图 4–9 所示）。

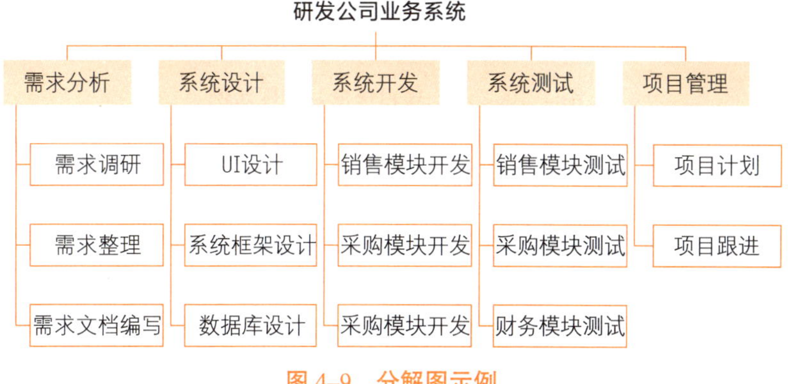

图 4–9　分解图示例

项目进度表

将项目拆解成单一任务后，定义任务的先后顺序、具体的完成时间、负责人等细节，用于从整体上管理项目的进度和时间，通常用甘特图来展示（见图 4–10 所示）。

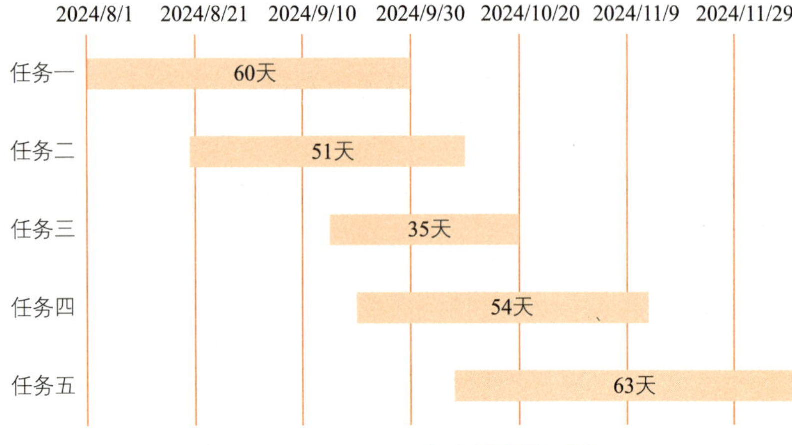

图 4–10 ×× 项目进度甘特图示例

项目沟通计划

这个指的是项目中有哪些定期沟通的方式，比如项目会议的种类、频次、要求参与的对象、沟通时需要提供的文件资料等。

项目提交资料及模板

项目过程中，需要项目参与者定期提交的资料清单，以及相关的参考模板，方便后续项目沟通和汇报。

以上的项目八要素，是项目启动汇报的基本要素。汇报者可以参考该模型来设计汇报，也可以将其中的元素按工作的实际需要进行替换。

汇报场景：项目启动汇报

汇报目的	介绍项目的背景及必要性，核心内容和具体计划，后续项目开展后的互动方式。
听众需求	了解为什么要做这个项目，项目的关键要素信息，我需要参与哪些部分做什么。
推荐结构	可行性分析 → 关键里程碑 → 项目职责分工 → 利益相关者 → 项目任务分解 → 项目进度表 → 项目沟通计划 → 提交资料模版
关键要点	要换位思考站在项目参与者的角度，感受对方的困惑和希望了解的内容。在汇报中不要遗漏重要的信息，还要确保汇报听众的理解和真实情况一致。

项目进度汇报，关注状态问题

项目所包含的内容通常比较复杂，周期也较长，因此在项目过程中保持阶段性的进度汇报，让项目负责人和利益相关者知晓项目情况，变得非常重要。

项目进度汇报与之前介绍的日常工作汇报的结构非常相似，但也有些许的不同，主要体现在以下几个方面。

项目进度表需要体现本阶段工作与整体工作的关系

通常，复杂项目（如建筑类项目或 IT 开发类项目）的开发周期可能是数个月甚至是数年，为了更好地展示整个项目的工作情况，常用甘特图等工具来进行展示。

甘特图又称为横道图、条状图，通过条状图来显示子项目、工作进度等随着时间进展的情况。

通过项目的甘特图，我们可以一目了然地了解项目由哪些子项目构成，每个子项目何时开始、预计何时结束，具体由哪些团队和个人来负责完成，类似于项目的“地图”。

在进行项目进度汇报时，汇报者必须让听众了解汇报内容涉及的工作是“地图”上的哪个部分，才能让听众对工作有更全面的了解。

讲清楚项目中各项工作的前后衔接关系

项目中的工作不是独立存在的，通常都有前置工作和后置工作，相互影响。

在汇报工作时，需要讲清楚与前后工作的关联性。

总之，在做项目汇报时，脑海中始终要有个整体的项目画面，要把工作的前因后果都讲清楚，避免只停留在“就事论事”的状态，把工作分隔成独立任务来汇报。

汇报场景：项目进度汇报

汇报目的	回顾上次汇报后的跟进，介绍本阶段工作情况及面临问题，后续的整改和工作方向。
听众需求	了解核心工作的进度状态和完成情况，碰到哪些问题如何解决，需要哪些支持。
推荐结构	
关键要点	要记得回顾上次汇报后的跟进工作，介绍本阶段工作时与整体项目做关联，问题介绍时要重点讲后续的整改方案，让听众放心不会影响后续项目进行。

推荐结构：

上阶段工作状况				工作中遇到问题				下阶段工作重点			
常规工作		重要工作		问题描述		问题解决		阶段目标		行动计划	
回顾上次汇报	后续跟进行动	本期进度汇报	关键成果数据	问题描述	原因分析	解决方案	所需支持	核心目标	重要节点	行动计划	所需支持

项目总结汇报，提炼成果经验

当项目顺利完成时，需要对整个项目的情况做一个总结型汇报，类似于年终绩效汇报或述职汇报。

这类汇报通常是向管理层有效展示成果，总结宝贵经验，对于汇报者来说也是一次展示自我非常好的机会。

由于项目周期长，涉及面多，因此要在有限的时间内把整个项目讲清楚，其实也不容易。关键的原则还是抓重点讲，找亮点讲，换位思考讲。

我们先分析下项目总结汇报自身独特的一些要素。

论证实际完成与初期计划的匹配性

项目从立项开始，就有了明确的时间节点和进度计划。因此，在项目总结汇报时，要先告知听众项目的实际进度是否与初期设计的进度相匹配，差异在哪里，原因为何。

同时，项目初期设定了关键的里程碑节点，在汇报中也要汇报里程碑节点的实际完成情况。

如果实际情况与计划能较好匹配，则反映了项目是“如期按质”完成的，证明项目的执行非常出色。

多维度展示项目成果

在绩效汇报中，我们展示工作成果，往往是结合绩效指标如 KPI，来证明我们达到了预期的成果，相对比较简单。

在项目汇报中，由于涉及面特别大，因此如果只单列一两个成果，完全无法体现出项目的收获。要学会从多维度展示绩效，让汇报的效果最大化。

- 多　从数量上展示，如：项目中共完成了××个单元的建设。
- 快　从效率上展示，如：将原先处理时间从3天缩短为12个小时。
- 好　从质量上展示，如：把次品率降低到1%。
- 省　从成本上展示，如：为项目节约了150万成本开支。
- 安　从安全上展示，如：整个项目中实现了450天零事故。
- 新　从创新上展示，如：项目共申报了12项创新技术。

对项目中关键经验的提炼和萃取

绩效 / 述职汇报中，需要对工作的情况做复盘，为了下阶段工作时可以复用经验。而一个项目结束后即代表了旧工作的完结、新项目的开启，所以需要把这个项目中的宝贵经验提炼出来，萃取成其他项目或其他团队可以沿用的经验成果。

这些年经验萃取的概念非常流行。所谓经验萃取，就是把优秀的技能、行事方法和思维方式通过专业方法萃取出来，形成企业可传播和复制的显性资料，通过案例、微课等方式进行学习迁移，帮助企业提升效率，节约成本，创造价值。

企业最大的浪费是经验的浪费，“牛人”最大的浪费是经验的埋没，员工最大的浪费是重复地犯错。经验萃取对企业和团队的意义：组织智慧的沉淀和知识管理。

经验萃取选择的方向要具备五大条件：高价值、难处理、常使用、急需要、广覆盖。萃取的方法包括团队萃取、访谈萃取、观察萃取等。通过萃取，可以得到企业的宝贵知识财富，如标准流程、知识地图、课程课件、最佳案例、作业手册、工具表格、成熟模型、资源库等。

如果要在汇报中完整地呈现萃取出的宝贵经验，可以按照下图的结构来总结。

通过有效的项目经验萃取，可以把项目中宝贵的业务经验留存下来，也强化了项目总结汇报的价值感（见图 4–11 所示）。

经验萃取四步流程

构建框架	梳理关键	识别障碍	配备工具
将实际经验变成结构化流程或步骤	找出各环节中最关键的行为和标准	分析难点或未达到理想状态的原因	配置可重复运用的标准化方法工具

图 4–11　经验萃取

汇报场景：项目总结汇报

汇报目的　介绍项目的整体情况和成果，对亮点工作进行复盘，对重要业务经验进行萃取。

听众需求　了解项目实际情况是否与计划匹配，有哪些亮点成果和绩效，是否有宝贵经验提炼。

推荐结构

项目总结				项目复盘				经验萃取			
总体介绍		核心成果		亮点复盘		不足复盘		经验总结		提炼萃取	
项目背景	完成情况	核心成果	关键数据	1背景策略 3成果绩效	2挑战应对 4经验萃取	1不足差距 3后续改善	2原因剖析 4教训总结	构建框架	梳理关键	识别障碍	配备工具

关键要点　要回顾项目的计划，对比实际情况，验证匹配度；要对关键项目指标进行盘点；对项目中的亮点和不足进行复盘；有效萃取项目中的宝贵经验。

第 5 章

有效说服：提案型汇报

如果说总结型汇报是基础性汇报的话，那么提案型汇报则属于更有挑战性的汇报场景。它对汇报者的业务能力和汇报能力提出了更高的要求。

我们经手的大部分工作，属于较为程序化的工作，只要按部就班地去执行，就能得到满意的结果。但是这样的工作，在听众看来，价值不高。因为这类事情的成败关键不在于人，而在于流程和制度，只要流程和制度不出大问题，换谁做都能收获不错的结果。

真正能体现我们能力所在和个人价值的，往往是在问题的解决能力上。在任何行业、任何公司，一个人的问题解决能力越强，其对公司的价值和贡献就越大，也越能成为各家公司想要的“人才”。

提案型汇报，就是揭露问题、提出方案并说服对方采用的汇报类型，也是我们把个人问题解决能力转化为有效汇报的关键场景。

通过提案型汇报，我们可以及时向领导汇报我们在工作中发现的问题，向客户汇报对方存在的痛点，并通过有效呈现方案影响对方。

如果你希望在职场有更高、更快的发展，必须要学会如何做好提案型汇报。

工作提案

工作中不可避免地会出现各种问题，当我们在工作中发现问题后，通常会怎么做？

有些人选择视而不见，假装没看到问题，内心想着：我才不去主动提出问题，枪打出头鸟，等问题大了领导知道了，自然会安排人去解决的。

有些人选择主动向领导汇报问题，并给出自己非常不错的建议和方案，帮助领导解决问题。

这两种人，领导会更赏识哪一种呢？我认为一定是第二种。

作为领导，都希望手下的员工，积极向上，能发挥主观能动性。员工是第一线的作业者，他们更容易了解工作实际情况，感知可能的问题风险。如果大家都不去主动汇报，领导就不可能知晓这些情况（见图 5–1 所示）。

因此，学会做好工作提案汇报，利用这类汇报有效与领导互动，才能有效展现自己的能力和才华。

图 5–1　常见的工作问题

精准描述现状，分析问题原因

想要做好工作提案汇报，首先要能发现问题并进行精准的描述。

发现问题的能力，取决于我们的观察力、思考力，以及对业务的熟悉程度。推荐大家多去阅读一些问题分析和解决的书籍，慢慢提升这方面的能力。

至于精准描述问题的能力，我们需要通过结构化的思维和表达来实现。

假如工厂的机器由于人员误操作而停机了，我们该如何有效地描述这个问题呢？

如果你“语无伦次”“逻辑不清”，领导听完后只能是一头雾水：“你到底想说什么？”

我们借助 5W1H 结构，把问题的细节一一讲清楚（见表 5–1 所示）。

表 5–1 5W1H 结构

5W1H 结构元素	元素意义	举例
WHAT（什么）	问题的现状	机器系统停机，暂时无法生产
WHERE（哪里）	问题发生在哪里	三号车间
WHEN（何时）	问题发生的具体事件	下午 2 点
WHO（何人）	问题与谁有关系	操作人员小王，当班班组长老李
HOW MUCH（多少）	问题造成多少影响	导致两个批次产品停工
WHY（为何）	导致问题可能的原因	操作人员误操作

通过仔细盘点和罗列这六个问题，我们可以让汇报内容变得更清晰精准。

我们为什么把 WHY 这个问题放在最后，解读成“导致问题可能的原因”？因为问题的原因不容易找到。

工作中有时我们很难真正了解导致问题的原因，可能是道听途说来的消息，也有可能我们了解的原因只是表面情况，真正的原因还不知道。

要找到问题真正的原因，通常要从问题原因的“广度”和“深度”上下手。

所谓“广度”，就是造成问题的因素往往不止一个，在汇报时要尽量考虑周全，不遗漏关键维度。比如，某个季度的销售量下降，在汇报时我们只提到是因为竞争对手调价导致的，销售总监肯定不会满意的。因为总有竞争对手的产品会比我们便宜，难道每次销售量都下降吗？没有一些内部原因吗？

在寻找问题的原因广度时，可以借助鱼骨图工具，从多个角度进行原因拆解，找到关键原因。

图 5–2 就运用了鱼骨图工具，借助类似生产企业常用的“人机料法环”等维度进行分析。

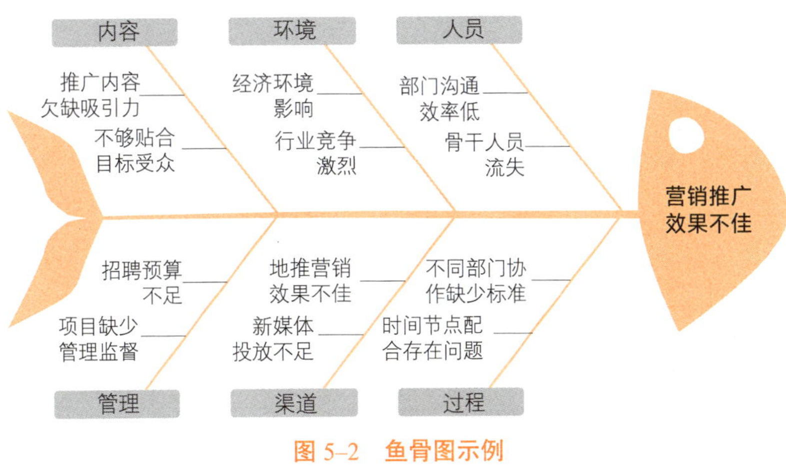

图 5–2　鱼骨图示例

从“广度”分析问题只解决了表面的问题，想把问题挖深，避免只看表面现象而忽略了“问题背后的问题”，则可以试着用 5WHY 分析法，从“深度”找问题原因。

5WHY 分析法是一种通过连续提问“为什么”来追溯问题根本原因的分析方法。这种方法鼓励解决问题的人避免主观假设和逻辑陷阱，沿着因果关系链条逐步深入，直到找到问题的根源。其核心在于对一个问题连续发问五次“为什么”，但实际操作中不限于五次，关键在于找到根本原因。

表 5-2　运用 5WHY 分析法找出停机的真正原因

问题	答案
问题一：为什么机器停了	答案一：因为机器超载，保险丝等被烧断了
问题二：为什么机器会超载	答案二：因为轴承的润滑不足
问题三：为什么轴承会润滑不足	答案三：因为润滑泵失灵了
问题四：为什么润滑泵会失灵	答案四：因为它的轮轴耗损了
问题五：为什么润滑泵的轮轴会耗损	答案五：因为杂质跑到里面去了

如果只问一次 WHY，得到的答案是保险丝的问题，解决方案是换一根保险丝。而问到第五个 WHY 时，发现根本问题是杂质跑到润滑泵中了，那么解决方案就变成了“安装防尘罩，避免杂质再次跑进去”。

提出合理建议，量化改善成果

通过汇报分析完问题后，领导一定想知道有没有可行的解决方案，汇报自然过渡到方案呈现部分。

如果在前期对问题的分析足够到位，那方案其实很容易就浮出水面了。保险丝坏了，那就换保险丝；产品发错地方了，那就寄回来重新发；员工误操作，那就对员工强化培训。

在实际工作中，很多问题并不是这么简单就可以解决的。产品发错地方，员工误操作，表面上只是一次偶尔的失误，而深层次的原因可能是员工不熟悉操作系统，也可能是没有相关的制度对这类失误进行惩罚，主管未对这类事情进行监督和管控。

因此，在推荐方案时，要像分析问题原因一样，多方考虑周全才行。

关注方案的全面性

在给出工作问题提案时，往往不能只给一个方案，可以结合前面提到的“人机料法环”结构，从多个维度给出建议，让方案更全面。

人机料法环虽然广泛用于生产企业，但其实也可以用于非生产企业（见表 5–3 所示）。

表 5–3　人机料法环应用

模型元素	生产企业	非生产企业
人	工人、操作员	执行者
机	机器	系统
料	原料	产品、服务
法	方法	流程、制度
环	环境	内外部环境、政策、监管等

关注短期方案和长期方案

有些问题，短期内必须立刻处理，避免影响；但从长期角度需要杜绝再次发生，防患于未然。因此，在汇报方案时，可以提供短期方案和长期方案。

比如，面对逐步增加的客户投诉：短期方案是更换在客户应对方面更有经验的服务人员；长期方案是进行系统性培训，运用导师带教制度培养能应对客户投诉的服务人员。

验证方案的可行性

提出方案容易，要验证方案有效却不容易。领导也会关注你的方案从何而来，是不是“拍脑袋”想出来的，必须提供一定的依据来证明方案是靠谱的。

关注可能存在的风险隐患

在汇报方案时，汇报者常会陷入一种“自我感觉良好”的状态，认为方案有着各种各样的优势和好处，已经天衣无缝了。但是此刻，汇报听众的脑海里却在想“这个方案真的那么完美吗”“有没有被忽略的风险或隐患”。

因此，在汇报时我们不能过于乐观，要客观汇报方案可能存在的风险。比如，方案的成本会比较高，或是对其他部门会产生一定的影响等。

量化和预判后续效果

如果要让领导更容易认可方案，那么最重要的是让领导看到实施方案后的“成功场景”，也就是在汇报中预测方案后续的改善效果。

效果的预测需要一些方法和技巧，不能张口就来。可以结合前期数据进行量化分析，找到合理的依据（之前有类似的项目，或其他企业用类似方案后的效果等），让你的预测效果听上去靠谱。

明确推动策略，制定行动方案

所有的提案型汇报，在结尾时一定要回归到“实现方案的行动”上。

其实领导就是想知道，你打算如何一步步把这个方案落实下去（见图 5-3 所示）。

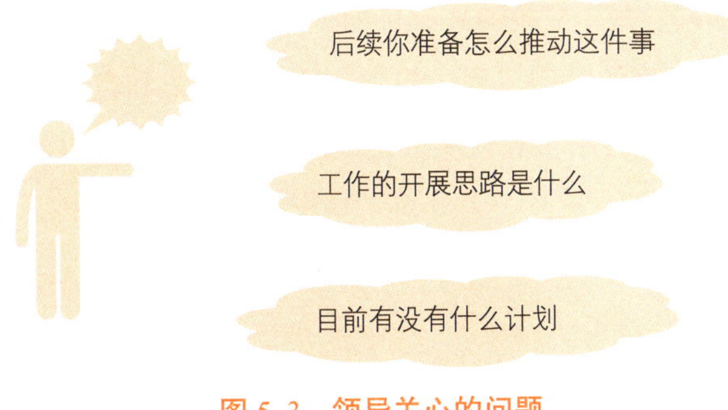

图 5-3　领导关心的问题

很多人小时候都听过下面这个故事：一群老鼠商量如何不被猫吃掉，一只老鼠提议说，可以在猫脖子上挂个铃铛，猫一来就能提早发现。大家听完后一阵兴奋，结果一只小老鼠问“那谁去挂”，众鼠哑口无言，一片死寂。

如果光有方案而没有具体的行动计划，最多只能算个美好的愿望。

在汇报行动计划时，可以借用“变焦汇报法”，不断变换焦距，从远到近，从大到小，即按照“实施策略—总体计划—具体安排—所需支持”的顺序进行汇报。

实施策略

实施策略也被称为工作思路，通常是从较高维度来规划行动方案。这为后续行动奠定了方向。比如，我们可以先处理目前的最棘手问题，把风险控制住；同时向领导申请后续的资源，以备后续之用；并在外部邀请专家参与进来，组成智囊团……

总体计划

基于实施策略制订的宏观的行动计划，包含大致的时间周期、重要的工作模块、每个阶段的关键目标。比如，我们计划花5个月时间梳理和优化现有的生产流程，前2个月主要收集和盘点现有流程中的问题，后3个月则重点调整和优化现有流程，设计出新的可替代流程……

具体安排

最细的任务分工可以让汇报听众了解到可能会被采取的后续行动。可以借助表格或甘特图的形式来展示。

所需支持

在执行中需要资源，或碰到问题后需要高层的支持。所谓“兵马未动，粮草先行”，所有的行动都需要有足够资源的支持才能顺利完成。

汇报场景：工作提案汇报

汇报目的	介绍工作中存在的问题，提出推荐的方案，希望得到上级认可支持。
听众需求	了解问题的具体情况和原因，评估方案的可靠性，了解后续推动的策略和计划。
推荐结构	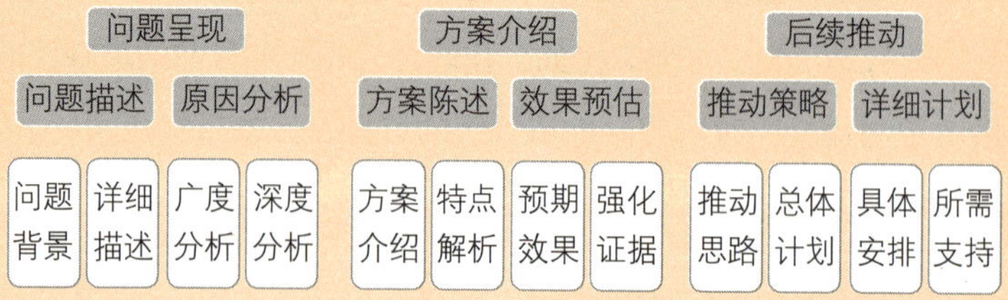 问题呈现：问题描述（问题背景、详细描述）、原因分析（广度分析、深度分析） 方案介绍：方案陈述（方案介绍、特点解析）、效果预估（预期效果、强化证据） 后续推动：推动策略（推动思路、总体计划）、详细计划（具体安排、所需支持）
关键要点	问题要讲解清楚，原因分析要到位，提供方案时要具备可操作性，后续推动的计划想周到。

销售提案

提案型汇报对内是对工作中的问题提出方案，对外则是向外部客户提出方案。外部客户一般包括：业务上的客户、上下游相关的合作伙伴、提供外包服务的供应商等。

最典型的外部提案，当属向自己的潜在客户销售产品或服务，我们称之为销售提案。

有些朋友会说我隶属于支持性部门，本职工作和销售没有任何关系，应该不用去了解如何做好销售提案吧。

我觉得每个人都应该去学习如何“销售”。这里的销售未必是推销具体的产品或服务，也可以是自己的品牌、口碑、想法、创意等。

比如，进行跨部门沟通时，我们其实是在向其他部门推销我们的建议；向领导汇报时，我们是在推销自己的方案；辅导下属绩效时，我们在推销自己的看法。因此，每个人都应该学习影响说服别人的技巧。

在销售型提案里，我们可以借助一个有趣的表达结构来构建主框架：黄金圈结构。

“黄金圈结构”由 WHY-HOW-WHAT 三个模块组成，这个模型来源于美国营销顾问西蒙·斯涅克（Simon Sinek）在 TED 演讲中提出的一个用来阐释激励人心的领袖力的模型，WHY 指的是意义或原因，HOW 指方法和策略，WHAT 指计划和步骤（见图 5–4 所示）。

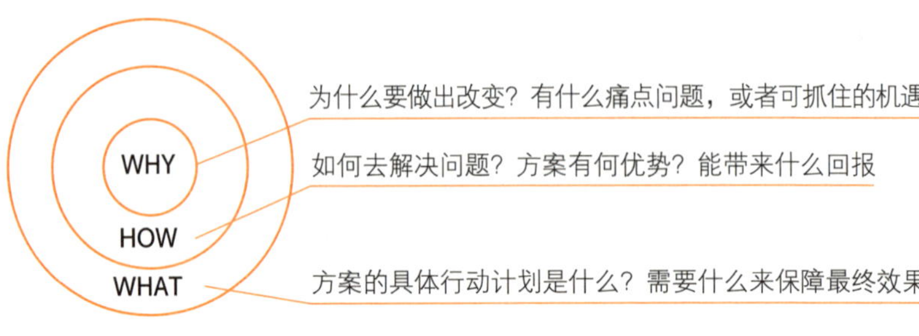

图 5-4　黄金圈结构

我们如果试图去影响别人，应该从 WHY 开始，因为 WHY 涉及一个人做事情的动机。当我们有充分的动机时，才会愿意去了解如何做和做什么；反之，当我们没有意识到需要做出改变时，是不会有兴趣去了解后面的两个内容的。

直击客户痛点，成功激发兴趣

销售提案汇报通常是在去客户公司向客户介绍、推荐产品或服务时发生。由于对客户不了解，或是迫于客户的压力，这样的汇报往往做得很艰难。

销售提案汇报容易出现的问题

1. 汇报开头花太多时间介绍公司，浪费客户的注意力。
2. 过度夸张产品服务的特色，没有让客户感受到实质内容。
3. 想当然地猜测客户的需求，试图标准化的产品/服务来打动客户。

一个优秀的销售，首先要是一个能够发掘客户需求的“侦探”。销售提案的成功关键，在于提案之前做了多少准备工作，有没有通过各种方法和渠道去了解客户真正的痛点是什么。

如果前期工作做得到位，那么销售提案就应该从“痛点故事”开始讲起，因为痛点讲得到位，可以瞬间激发客户兴趣，拉近和客户的距离。

比如，你推销的是手机，痛点可能是拍照不清晰，美颜功能不强。从这个点入手时，听众有了共鸣就会认真听下去。

要想学会讲述“痛点故事”，我们可以借助下面的这个 SCQA 模型。

痛点讲不好的原因一	痛点讲不好的原因二
讲述痛点时逻辑不清楚，东一榔头西一棒子，容易让客户被绕晕。	痛点讲得“不痛”。原本重要的问题，因为讲得不到位，客户觉得“不是很紧急的问题”，关注度不高，也导致后面的汇报内容被忽略。

Situation	情境，指问题发生的背景情况。
Conflict	冲突，是问题的现象和导致问题的原因。
Question	原为问题，在这里改为“问题导致的影响和后果”效果更好。
Answer	答案，就是用于解决这个问题可能的方案。

请大家注意，这个 A 是为了引出后续讲方案的部分，起到承上启下的“桥”的作用。因此，在这里只需要简单提下方案的大致情况，并不需要详细展开讲。

我们用一个信息系统提案的案例来帮助大家理解一下 SCQA 结构。

汇报小案例

- 我们了解到贵公司现在的信息系统是五年前开发的，是基于当时台式机操作环节设计的（背景）。
- 但随着这两年公司业务不断扩大，人员规模也急剧增加，这套系统无论是从便利性还是有效性方面都开始显得越来越捉襟见肘，带来很多严重的问题（冲突和原因）。
- 系统速度变得越来越慢，无法与手机端进行管理互通，也经常会出现死机情况。这些导致了工作经常会被打断，员工抱怨不断，系统的稳定性和信息安全性也不断下降（造成的影响和后果）。
- 我们带来一套全新的云系统解决方案，可以帮助贵公司从整体上提高系统的效率（提出方案，为后面的内容做伏笔）。

如果要让汇报效果更好，在第三部分介绍“造成的影响和后果”时，要阐述清楚“如果问题不被解决，可能会导致何种后果”，把痛点故事讲“痛”。

如何可以把问题讲“痛”呢？

第一，要精准描述问题的细节，加入更多描述性词语。比如，“不痛不痒”的讲法可能是：“这会导致系统效率低下。”你听了是不是完全没什么感觉？所以，我们要学会把问题具体化，比如，“系统速度变得越来越慢……经常死机”。这样的描述，让一个模糊的问题变得特别形象，能让听众立刻产生共鸣。

第二，要从不同角度去描述“痛”在哪里。在上面的版本里，我们从系统速度、移动互联、工作效率、员工感受、信息安全五个维度来突出问题，会让听众马上意识到问题的严重性。

当然，这里不是鼓励大家盲目编造、刻意夸大，脱离事实基础。我们在呈现问题时还是要保持客观公正的。

除了讲述“痛点故事”外，在有些提案汇报里，我们也可以讲些“机会故事”。有些客户不认为自己有痛点，如果一味强调“你们有问题”的话，反而会让客户反感。这时可以换个策略，从讲“机会”入手。比如，希望说服客户企业引入直播带货平台，客户不觉得目前销售量有问题，那就强调直播带货是未来的必然趋势，也可以帮助客户实现销量成倍增长。

无论是讲痛点，还是讲机会，其底层逻辑都是让客户看到“快乐”或“痛苦”，激发听下去的兴趣。

有效展示方案，制造影响说服

分析完痛点或机会后，就进入到最关键的呈现方案部分，也就是黄金圈模型中的 HOW 的部分。

在这个部分要解决两件事：把方案讲清楚，并说服听众接受方案。

因为“知识的诅咒”的存在，可能让方案看起来容易做起来难，用过于专业的术语和讲解方式，给不太了解情况的客户介绍复杂的方案，或者把方案的文字密密麻麻堆砌在 PPT 上，一字不落地读出来，都不是解读方案最友好的方法。

如果你的产品方案特别复杂，我推荐尝试以下几种方法，让你的汇报更直观。

通过图形把复杂问题转化为直观的视觉信号，对于流程类或者元素较多的方案，画图法可以让我们事半功倍，直观高效。

解释方案时，配以典型案例，可以让抽象的方案变得具象，也能帮助听众从案例中更好地理解方案细节。

基于两种事物间的相似性，用一个听众熟悉的概念去解释另一个相对陌生和复杂的概念。比如，拿星巴克“自营”模式与京东类比。

通过在方案讲解中加入这些方法，可以降低听众理解方案的难度，明白方案到底是什么。

接下来要解决“方案好在哪里，我们为什么要采用”的问题。

我们可以在汇报中使用销售呈现中常用的FABE结构，把方案的特点和优势讲清楚。

Feature	方案的特征、参数，比如某个信息系统方案采用了云端服务器存储数据。
Advantage	方案的优势，比如云端存储的优势是把数据存在外部，减少内部服务器数量。
Benefit	优势带来的利益，比如，减少了服务器的投资成本，提升工作效率。
Evidence	有效的证据，比如××公司采用了这个方案，前期建设成本下降了30%。

你可能听过某款手机的广告宣传语：“前后两千万柔光双摄，照亮

你的美。”仔细分析一下，前面半句是手机的参数 F，而后半句是带来的利益 B。在汇报中到底是哪个元素最终会打动听众呢？当然是利益 B，因为这才是客户最关心的价值。

因此，呈现方案时，一定要让客户看到购买了产品或使用了服务后，能为自己带来哪些可观的收益，或者躲开哪些关键的风险。

当然，在方案呈现部分，我们也可以加入其他影响客户的方法，来强化销售说服。比如，方案对比法、数据分析法、故事影响法、心理影响法等，通过“动之以情、晓之以理、驱之以利、明之以义”等技巧，让客户认同并愿意购买产品服务。

提供有力配合，展示后续计划

如果在方案介绍的部分汇报得当，大家应该能从客户这里感受到情绪上的微妙变化。比如，眼神更为关注、语速更快更亲和、肢体语言放开了、询问方案的细节等。但此时此刻千万不要放松警惕，客户心中还有一些疑虑没有被解决，我们不要输在最后一步上（见图 5–5 所示）。

图 5–5　客户存在的疑惑

我们需要在最后这部分强化客户的信任，消除可能的疑虑。

优惠价格或增值服务

我们要告诉客户如果采购了本公司的产品或方案，能提供哪些价格或政策上的优惠，以及获得额外的增值服务。

这一步不一定是必须的，有些企业的产品和服务价格是统一标准的，无法优惠。价格的部分有时也需要根据具体的方案后续再确定。

但是客户采购就像我们买东西一样，总希望能打点折或提供增值服务，如果可以在提案中体现相关内容，就可以增加客户购买的意愿。

定制化方案

所有的企业客户都希望自己买到的产品或服务是独一无二的，或是为自己量身定制的。因此，在方案中我们也可以刻意体现这点，让客户觉得物超所值。

例如，培训公司会在方案中加入为采购课程的企业做前期调研访谈，并根据调研访谈结果设计有针对性的课程内容。

后续行动计划

和工作提案相似，销售提案最后也要提供后续的行动计划。也就是一旦同意合作，后续会如何确保方案得以顺利实施以及大致的时间节点和行动计划等。

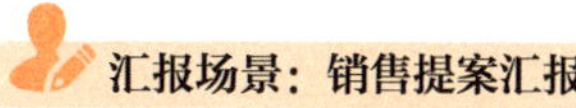

汇报目的	分析客户的痛点/机会，有效介绍产品或服务，说服对方愿意购买。
听众需求	确认对方是否了解企业的需求，产品或服务有何特色，未来采购后如何实施。
推荐结构	痛点/机会WHY：痛点描述（背景介绍S、冲突原因C）、详细分析（问题影响Q、方案导入A） 方案介绍HOW：方案陈述（方案介绍F、方案特点A）、方案说服（方案收益B、成功案例E） 合作细节WHAT：方案定制（优惠价格、增值服务）、合作计划（保障措施、计划行动）
关键要点	客户痛点和需求要把握到位，方案陈述要有理有据，合作方面能展示诚意并提供靠谱行动计划。

创意提案

在提案型汇报中，有一类汇报类型较为特殊，它既有工作提案的影子，又和销售提案很相似，我们称之为创意提案，也称金点子、设计提案。比如，为部门设计一个 LOGO、在现有产品上做改良、拍一个宣传企业文化的短视频等。

创意提案和工作提案相似，因为大部分企业内部的创意提案，也是定位在解决工作中的某个问题，或实现某种理想工作结果的。

同时，创意提案也有销售提案的影子，因为它需要根据实际要求提供设计和定制化，并且还需要与别的方案进行比较，最终说服使用者接受这个创意，也算是一种“推销”。因此，在设计创意提案汇报的过程中，我们可以充分借鉴两种不同的提案汇报结构，取长补短，达成更好的汇报效果。

创意提案也有自己独特的地方，需要在汇报时注意。

创意提案要符合具体的要求。创意的设计不是完全天马行空、毫无限制的。和工作有关的创意，通常都有一定的设计背景、具体要求。因此，在汇报创意的过程中，也要论证所有的设计是符合原始要求的。

创意与创意之间存在较大的差异性。如果是销售一个具体的产品，客户对产品也有明确的要求，那么产品在本质上不会有太大的差异，最多在外形、细微功能、操作上略有不同。

创意本身的差异性可能是巨大的。比如，前面提到的 LOGO，设计出来五花八门；产品的改良，也有不同的方向；短视频的拍摄，那更是充满了无穷可能。

因此，如何在汇报中让创意脱颖而出，得到最终认可，是这类汇报最大的挑战。

解读项目背景，梳理设计思路

如果你要写一篇作文，那么在动笔前你会做什么？显然是要仔细阅读和理解作文的要求，在脑海中构思完毕后，才开始动笔。这样写出来的作文更能契合主题，不会跑题。其实，在准备创意提案汇报时，我们的思路也与此相似，要做到有的放矢。

第一部分：创意项目理解

- 这个创意要解决什么问题？
- 这个创意要达成什么目标？
- 创意成功与否有哪些检验标准？
- 创意设计的边界是什么（要运用什么，不能运用什么）？
- 发起人对创意有偏好性吗？

第二部分：创意思路方向

- 我们的创意从何而来？
- 与主流创意有何相似点和差异点？
- 我们创意中独特的、无法复制的地方在哪里？
- 我们的创意是如何来匹配项目的需求和目标的？

这部分内容相当于告诉听众，“我理解了你想要的东西，然后通过我的理解把它梳理出来讲给你听，你看对不对”。

如果这部分内容得到听众的认可，那说明第一步已经走对了。但是如果听众觉得我们的解读不完全正确，也不要紧。因为在大部分此类场景下，听众自己其实也不清楚自己要的具体是什么，往往还是一种概念化模糊的东西。

有时听众也希望设计创意的人能跳开原先设定的要求，提供些颠覆性的创意，让自己眼前一亮，往往也能接受暂时性的不同。

在呈现这部分内容时，我们自己要对自己的设计有充分的信心，不要被细节上的差异干扰了情绪。

这部分内容是最考验汇报者功力的，汇报者需要完成一个“自圆其说”的闭环汇报，相当于在给汇报听众讲一个动人的故事：“我先认真理解你的需求，同时基于对你需求的理解，我按照明确的思路完成了设计，在满足你需求的基础上，我还增加了个性化元素，让最终方案变得与众不同。”

因此，第一部分和第二部分的汇报内容必须前后衔接，承上启下，有伏笔，有解读，这样才能让听众认可、接受，给出好的评价。

以下，我们来看一个短视频提案的案例。

汇报小案例

尊敬的各位领导和同事们，今天我将向大家汇报我们即将启动的短视频项目。这个项目的目标是利用短视频平台的广泛覆盖和高用户活跃度，提升我们企业的品牌影响力，增加用户互动。

首先，让我们看一下短视频市场的趋势。根据最新报告，短视频用户规模已达到 9.5 亿，日均使用时长超过 2 小时。这表明短视频平台是一个巨大的流量入口，对于品牌宣传和用户互动来说是一个不可忽视的渠道。我们的目标是设计一系列有创意、有吸引力的短视频内容，提高品牌曝光度，增加用户互动，实现月增长 10% 的目标。

在内容创作上，我们坚持原创性和合规性。所有内容都将遵守平台规则和法律法规，避免侵权和违规风险。同时，我们的内容将传递正能量，符合社会主义核心价值观。此外，我们将确保内容的多样性和互动性，涵盖美食、旅行、时尚等多个领域，以满足不同用户的需求，并鼓励用户参与互动。

在设计思路上，我们将采用故事化和情感化的叙事方式，每月设计 20 条短视频，每条视频长度控制在 15~60 秒之间。既确保内容的高频更新，又能让用户在观看短视频的同时，更容易产生共鸣和情感连接。我们的个性化设计包含以下这些元素。

视觉风格：我们将采用统一的视觉风格，包括色彩、字体和动画效果，以增强品牌识别度。

音乐与声音：我们会精选适合每个视频主题的音乐和声音效果，

增强视频的感染力。

互动元素：在视频中加入互动元素，如问答、投票等，提高用户的参与度和黏性。

话题标签：利用热门话题标签，增加视频的曝光机会。

通过这些设计思路和个性化元素，我们能够制作出既符合用户喜好，又能提升品牌形象的短视频内容。

阐述方案价值，创造愿景想象

介绍完设计思路和方案后，为了让听众认可方案，就要进入说服环节。

结合销售提案中学到的知识和结构，相信大家不难想到，在说服环节中，最重要的是让听众认可方案的价值，感受到“快乐”。

因此，我们可以用“讲道理”和“讲故事”的方法分别来实现。

讲道理就是理性地让听众感受到采用了这个方案后，能获得的实际收益。我们可以通过文字描述和数据分析的方法来汇报。

讲故事就是让听众从别人的故事中，看到运用方案后的美好画面和理想场景。

最终通过理性和感性的影响，让听众认可并接受方案。

结合上面短视频的案例，我们继续完成以下的汇报内容。

汇报小案例

如果能采用这套方案，可以实现以下三种价值。

- **提升品牌影响力：**根据尼尔森的调研报告，短视频平台的广告记忆度比传统媒体高出 2.7 倍。通过我们的短视频内容，预计品牌认知度将在三个月内提升至少 30%。
- **增加用户互动：**短视频的互动率是衡量用户参与度的重要指标。我们的目标是每条视频的平均点赞数和评论数在发布后一周内分别达到 5000 和 200，这将显著提升用户的参与度和品牌忠诚度。
- **提高转化率：**根据我们的市场分析，短视频平台的转化率比传统广告高出 4 倍。通过精准的目标受众定位和吸引人的内容，我们预计转化率将提升 20% 以上。

据了解，我朋友所在的公司，通过一系列短视频营销活动，成功将新品上市的知名度提升了 50%，并在三个月内实现了销量翻倍。这些视频不仅在社交媒体上获得了数百万的观看量，还引发了用户之间的自发传播。他们的成功案例证明了短视频营销的巨大潜力。

想象一下，我们的品牌通过一系列精心设计的短视频，成为年轻人茶余饭后讨论的热点。用户在享受内容的同时，自然而然地与我们的品牌建立起情感连接。这些视频不仅仅是广告，它们是故事，是娱乐，是信息，最终转化为品牌忠诚度和市场份额。

汇报场景：创意提案汇报

汇报目的	解读创意要求，提供设计思路，展示差异化特征，说服听众愿意采用方案。
听众需求	了解创意思路和个性化设计，确认是否匹配要求，预判未来的效果。
推荐结构	项目解读：项目要求（项目背景、要求解读）、创意思路（创意思路、匹配论证）；方案介绍：方案内容（总体框架、方案细节）、独特价值（个性元素、价值收益）；后续推动：推动计划（推动策略、详细计划）、所需支持（所需资源、请求支持）
关键要点	要清晰解读听众的设计需求，自信给出设计思路，通过讲道理和讲故事的方式影响决策。

第6章

因地制宜：事件型汇报

前面我们介绍了工作中常见的三种汇报类别：非正式汇报、总结型汇报、提案型汇报，这三类汇报基本上涵盖了大部分日常工作汇报。

即使有些汇报场景并没有在三个类别中详细提及，但如果仔细观察和分析一下，会发现大部分还是可以归类到某种场景之下，参考相应的汇报逻辑和框架。

除了这三种汇报类别外，工作中还有一些比较特殊的汇报场景，各有特色，通常与工作中的具体事件有关，我们把它们统称为“事件型汇报”，比如会议汇报、竞聘汇报等。

事件型汇报因为关联到具体的工作，而这些工作的性质各不相同，汇报要求也千差万别，很难用一个标准结构来统一。碰到这类特殊的汇报，我们也不用慌张，要具体问题具体分析，因地制宜地采用相应策略来化解。

会议汇报

日常工作中，我们经常要借助会议讨论工作情况、商议方案计划等。只是我们发现很多会议效率并不高，不少会议出现了“会而不议，议而不决”的情况。究其原因，主要还是由于会议的组织没有章法，以及与会者的沟通效率太低（见图 6–1 所示）。

图 6–1　会议效率低的原因

与会议有关的汇报场景主要有两种：会上汇报和会后汇报。

会上汇报指的是作为参会者，需要在会议中对负责的工作情况进行详细汇报，让其他与会者知晓情况，引发后续讨论交流。

会后汇报指的是作为参会者，参与某个工作会议后，回来向自己的领导汇报会议情况，总结会议核心信息和结论。

这两种汇报能力都很重要，不但可以提高会议上的沟通效率，也有利于会后传达意见，推动工作开展。

直击关键，让会上汇报更干练

如果你已知晓需要在会议上进行发言汇报，你是否会为此提前准备材料，并做简单的演练？我认为要慢慢养成这样的习惯。

一是表达对会议和参会者的尊重，毕竟到了会议上再信口开河、语无伦次是一件很糟糕的事。

二是提前准备可以让你的会议汇报变得言简意赅，重点突出，也可以提早发现问题，做好预案；

哪些准备工作可以确保我们的会议发言能直击关键呢？这里为大家介绍两种用于辅助会上汇报的工具，“一页纸汇报工具”和“六页纸汇报工具”。

一页纸汇报工具——丰田 A3 报告

所谓 A3 报告，就是把所有要汇报的内容放在一张 A3 纸上，确保内容简洁，聚焦重点，又能让工作情况和问题解决过程一目了然（见表 6–1 所示）。

表 6–1　丰田 A3 报告

1. 报告主题	本次报告的核心内容与哪项工作有关
2. 背景信息	需要听众了解的背景信息是什么
3. 现状描述	目前的工作状况如何？具体的问题是什么
4. 改善目标	希望改善到什么程度？具体衡量标准如何
5. 原因分析	运用工具分析后是否找到了核心原因
6. 对策建议	解决方案是什么？是否有清晰的行动计划
7. 效果确认	已采取的行动是否起到了预期的效果

续前表

8. 跟进措施	后续的行动计划，以及未来的改善预防措施是什么
A3 报告的两个底层逻辑： – 核心内容遵循 PDCA 循环：通过计划（Plan）、执行（Do）、检查（Check）和处理（Act）四个步骤展现工作问题的解决过程 – 高度提炼核心的内容：因为需要在一张 A3 纸上呈现所有内容，每个部分的内容必须高度精简，直击重点	

基于这八个模块设计会议汇报，可以确保逻辑清晰，也能应对听众的提问。

六页纸汇报工具——亚马逊六页纸备忘录

在很多会议上，我们是通过幻灯片（有时也用 PPT 代指）来展示会议内容、进行交流讨论的。但在亚马逊开会，人们是不能用 PPT 的，亚马逊的创始人杰夫·贝索斯认为用 PPT 开会，效率极其低下。

他是这样形容的："传统的公司会议是从演示开始的。有人站在前面用 PPT 进行演示。在我们看来，你得到的信息很少，你得到的是要点。这对演示者来说很容易，但对观众来说很难。因此，我们所有的会议都围绕着一份六页的备忘录进行……如果你用传统的 PPT 演示，主管会打断你。如果你阅读了整个六页的备忘录，在第 2 页你有一个问题，那么在第 4 页，这个问题会得到回答。"

因此，在亚马逊开会，发言人一定要事先做好充分准备，收集信息，整理思路，按照六页纸备忘录的写作原则进行制作和设计，确保内容逻辑清晰，精简翔实。

会议前 20 分钟，大家围在一起安静地阅读这个备忘录，20 分钟后，大家一起讨论备忘录的内容，仔细询问发言人。大家通过健康的讨论来仔细探讨备忘录中的观点。通过这样的讨论，真相会胜出。

最后，大家会讨论建议，也会做出最终的决定。

虽然我们不一定要完全模仿亚马逊的会议汇报形式，但六页纸备忘录却可以作为我们在会上发言的参考模板。我们来看看它的内容有哪些（见表 6–2 所示）？

通过亚马逊六页纸备忘录的结构，我们可以清楚明确地规划在会上要汇报的内容，也方便参加会议的人围绕预先设定好的议题进行充分讨论，制定决策和行动计划。

提纲挈领，让会后汇报更全面

相比会上汇报，会后汇报更像对会议内容的一种总结，类似工作中常见的会议纪要。通过参加会议人员的汇报，让没有参会的领导或同事，了解会议的主要内容，依此做出后续的行动。

我刚工作的时候，参与了一个大型项目，项目周期非常紧。作为协调单位，我们需要不断在甲方和乙方之间周旋，确保大家能顺利配合完成任务。为了提高沟通效率，我们每周会组织各单位开两次项目例会。

由于初入职场，工作和业务经验都不足，因此开会时我只是装模作样地听一听，到底大家在讲什么，完全没有概念。有一次开会前，领导让我负责做会议纪要，结果在大家你一言我一语的交流中，我发现我根本无法清楚地记录会议内容，写完上句就忘了下句。我自己也听得一知半解。

之后，我也想认真学习领导是如何记会议纪要的，才发现领导的

表 6–2　亚马逊六页纸备忘录模板

主体结构	内容解释	举例
背景介绍	提供项目或议题的背景信息，让与会者了解讨论的上下文	随着健康意识的增强，市场上对智能健康设备的需求日益增长。我们公司计划开发一款集成心率监测、睡眠质量分析和运动追踪功能的智能健康手环，以满足消费者的需求，并增强我们在可穿戴设备市场的竞争力
解决什么问题	解释为什么要做这个，明确需要解决的问题或挑战是什么	当前市场上的智能手环功能单一，用户体验不佳，缺乏个性化健康建议。我们需要开发一款能够提供综合健康数据监测和个性化建议的智能手环，以提升用户体验和市场竞争力
我们怎样做	提出解决问题的方法、策略或建议。我们打算怎么做？和以前的做法有什么不同	我们将开发一款具备以下特点的智能健康手环：集成心率监测、睡眠质量分析和运动追踪功能 通过算法提供个性化健康建议。与智能手机应用同步，方便用户查看数据和接收建议 设计时尚，佩戴舒适
如何验证	提出支撑解决方案的数据、研究和分析	数据支持：根据市场调研，**70%** 的消费者表示愿意为提供个性化健康建议的智能设备支付更多。我们的原型测试显示，用户对集成多种健康监测功能的设备满意度更高 技术分析：我们的研发团队已经开发出初步的算法原型，能够根据用户的健康数据提供基本的个性化建议
讨论、分析	对问题和解决方案进行更深入的讨论和分析（通常在会议中进行，发言人给出讨论方向）	市场分析：竞争对手的产品功能和用户体验分析，以及我们的差异化策略 技术挑战：如何确保算法的准确性和个性化建议的有效性 成本分析：开发成本、材料成本和预期售价的分析
总结	总结主要点，并提出下一步的行动计划或建议	下一步行动： – 完成算法的最终开发和测试 – 确定供应链合作伙伴，以降低成本 – 设计最终的用户界面和用户体验 – 制订市场推广计划

方法也有问题。他几乎把参会人员说的每一句话都写到会议纪要上了，导致每次一个多小时的会议，可以写出十几张纸的会议纪要。

会议纪要参考模板

开场部分

“亲爱的领导 / 同事，刚刚开完一个关于 ××× 的会议，想跟你简单同步一下会议情况。”

会议基本情况介绍

“这次会议召开时间，召开地点，具体参会人员有哪些，主持人是谁。会议主要讨论了 ×××，会议目的在于 ×××”

会议内容梳理

“这次会议内容共讨论了 × 个议题：议题一：议题内容概述；议题二：议题内容概述；议题三……

会上就哪个议题重点做了讨论，讨论的细节有哪些。会议最终达成了哪些决策和行动计划。”

后续行动和关注点

“通过会议讨论，下一步需要完成哪些行动。其中需要您关注的有哪些。”

结尾

“关于这次会议的情况，如果你有任何问题，或者想要了解更多细节，随时告诉我。”

会后的汇报不能太啰唆，因为听众只是想了解会议中比较重要，或和自己有关的信息，对会议中其他内容并没有太大兴趣。

学会提炼会议的核心内容，找到听众可能的关注点，然后逻辑清晰地汇报出来，才是成功汇报的关键。

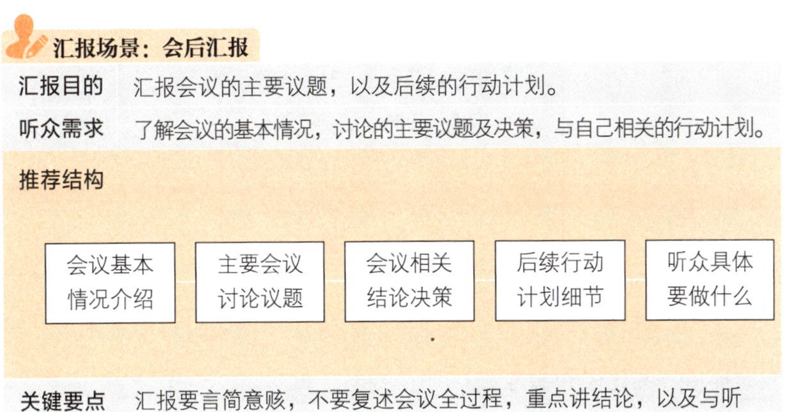

汇报场景：会后汇报
汇报目的　汇报会议的主要议题，以及后续的行动计划。
听众需求　了解会议的基本情况，讨论的主要议题及决策，与自己相关的行动计划。
推荐结构
会议基本情况介绍
主要会议讨论议题
会议相关结论决策
后续行动计划细节
听众具体要做什么
关键要点　汇报要言简意赅，不要复述会议全过程，重点讲结论，以及与听众有关的内容。

竞聘汇报

有一种比较特殊的汇报场景，叫“竞聘汇报”或“岗位竞聘汇报”。通常，企业内部空出某个关键岗位时，企业并不想直接任命，而是希望通过招贤纳士的方式，让有能力且有兴趣竞聘的员工，完成规定时长的汇报，最终由评审团来决定谁可以履任这个岗位。

因此，竞聘汇报既是一个崭露头角、证明实力的舞台，也是一次获得理想岗位、实现职业晋升的机会。然而在实际汇报中，并不是每个竞聘者都能表现良好，获得评审团的青睐。即便竞聘者的内心很想抓住这次机会，但表现却有很多问题。

竞聘汇报的常见问题

- 汇报中过度紧张，缺少自信。
- 内容平淡乏味，乏善可陈。
- 汇报中自吹自擂，空洞花哨。
- 汇报者无法凸显与其他竞争者的差异，过于平庸。

作为一种比较特殊的汇报场景，我将从结构和内容两个维度，为大家提供一些建议和参考。

选对结构，竞聘汇报轻松搞定

对于竞聘汇报，核心的汇报结构非常重要，很多人一开始就选错了结构。我们提到过两种逻辑论证方法：归纳法和演绎法。

归纳法的特点是由众多论据，归纳总结出一个论点。在《金字塔原理》中有这样一个下面这样的例子。

“法军坦克抵达波兰边境”“德军坦克抵达波兰边境”“俄军坦克抵达波兰边境”，通过这三个论据，可以得出结论：波兰将遭到多国坦克入侵。

归纳法是我们工作中常用的论证法，通过多维度的汇报内容，向听众传达自己的观点和建议。

相反，了解演绎法的人不太多。演绎法的特点是通过引入一个大前提、一个小前提，最终推导出某个结论，像公式的推导演算。

《金字塔原理》中也有个例子：大前提是“人都会死”，小前提是“苏格拉底是人”，通过这两个前提的组合，我们可以很容易得出最终的结论“苏格拉底也会死”。

为什么要在讲竞聘汇报时提到这两种逻辑论证方法呢？因为在准备竞聘汇报结构时，运用两种方法的人都有，但最终的效果却大相径庭。

如果运用“归纳法”，我们会设计出什么样的汇报结构呢？可能是图 6–2 这样的结构。

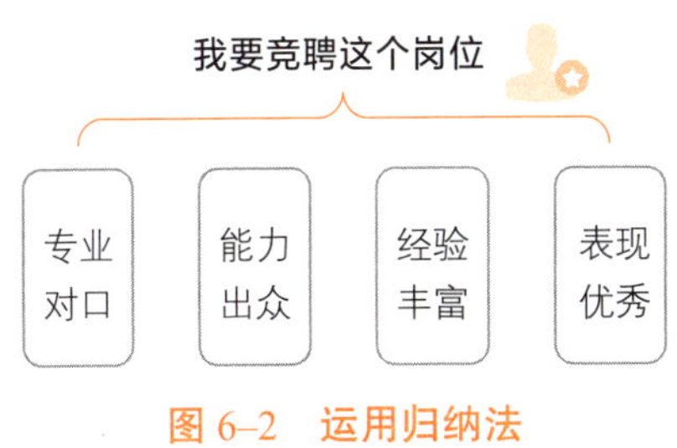

图 6–2　运用归纳法

这个结构的关键，在于从多个维度展示自己的优势，证明自己的优秀，最终希望打动听众，获得成功。

大家有没有发现存在什么问题呢？如果下一个上场汇报的也是极为优秀的员工，他会怎么说呢？也许他会说“我比刚才那位专业更对口、能力更出众、经验更丰富……”那是不是就意味着上一位员工失败了呢？

在竞聘汇报中，我们不是要证明自己是全世界最优秀的人，而是要证明“我是最适合这个岗位的人”，重要的是“匹配度”，而不是“优秀度”。所以，竞聘汇报更适合运用演绎法来设计汇报结构。

先论证这个岗位需要哪些履岗条件，然后再通过自己的介绍，展示自己拥有适合这个岗位要求的能力和经验，最终推导出“我才是候选人中最适合这个岗位的人”。结构大致如图 6–3 所示。

图 6–3　运用演绎法

通过两种结构的对比，大家是否能理解这两种汇报逻辑的差异性。有时候，为你的汇报选择一个合适的结构，要远比花时间找内容做幻灯片重要。

如果在第二种演绎法的汇报结构上，再补充另外两个内容，那么这个竞聘汇报框架就完美了。

个人介绍+成长经历

- 在汇报开场，把个人的基本情况简要介绍，让评审团建立基本认知。
- 把工作中的成长经历描述一下（最好重点讲下在本公司的成长），给评审团留个好印象。

竞聘汇报加分项

对新岗位的展望规划

- 在汇报最后加上对新岗位的展望规划，包括对新岗位的定位、工作开展的策略计划等。让评审团不仅认为你有能力担负起这个工作，对未来工作的开展也已有全盘考量，来增加最终获胜的概率。

通过以上的分析，大家应该已经了解如何去做类似的汇报。

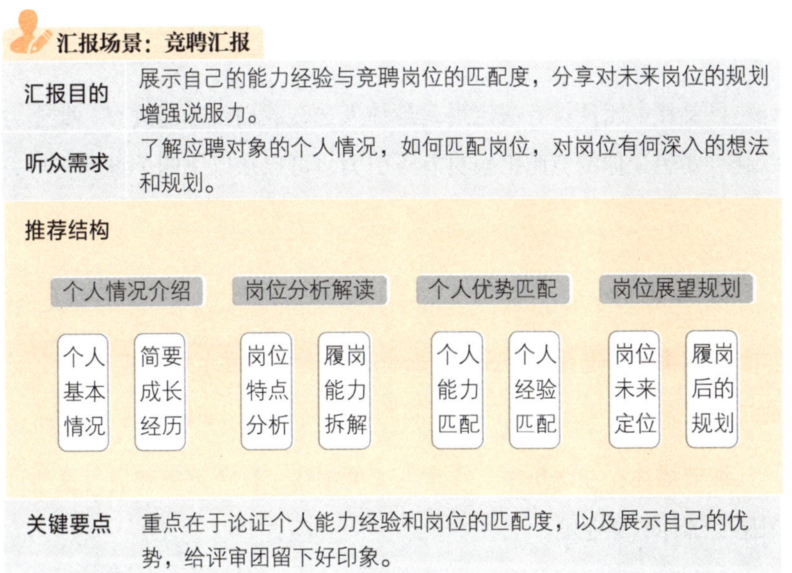

汇报场景：竞聘汇报

汇报目的	展示自己的能力经验与竞聘岗位的匹配度，分享对未来岗位的规划增强说服力。
听众需求	了解应聘对象的个人情况，如何匹配岗位，对岗位有何深入的想法和规划。
推荐结构	个人情况介绍：个人基本情况；简要成长经历 岗位分析解读：岗位特点分析；履岗能力拆解 个人优势匹配：个人能力匹配；个人经验匹配 岗位展望规划：岗位未来定位；履岗后的规划
关键要点	重点在于论证个人能力经验和岗位的匹配度，以及展示自己的优势，给评审团留下好印象。

扬长避短，聚焦关键赢得胜利

在竞聘汇报中，确实存在竞争者之间有较大实力差别的情况，比如有些候选人在企业工作多年，经验丰富，人脉关系深厚，过往的工作表现也非常值得称道，碰到这样的情况该如何应对？

首先，不要慌乱，此时最怕“长他人志气，灭自己威风”。

其次，别人优秀这件事我们已经无法改变，再凭空焦虑也无济于事。当下更重要的还是找到适合自己的竞争策略，尽量把自己的优势展现给评审团。

如果你最终确实失利，没有获得理想中的岗位，也要用平和的心态对待。毕竟别人也许更适合这个岗位，也确实能在这个岗位上做出更大的成绩，我们也要衷心地支持和鼓励。

只要评审团还没有决定谁是最佳人选，我们就不能放弃，要全力以赴。要想让你的竞聘汇报更有吸引力，可以从以下四个维度花功夫打磨。

以小见大

具体案例：选择一个或几个具体的小案例来展示你的能力和潜力。通过这些案例，展示你如何解决问题、如何创新、如何提高效率等。

细节描述：在案例中，注重细节的描述，让评委能够通过这些细节感受到你的专业度。

引申意义：从小案例中引申出优秀的工作理念和方法论，展示这些案例如何反映你的大局观和领导能力。

以点带面

突出关键：在汇报中突出几个关键点，这些点应该是你的核心竞争力，或者是你与众不同的地方。

全面展示：通过这些关键点，展示你的全面能力。例如，如果你在某个项目中表现出色，可以展示这个项目如何影响了整个团队或部门。

联系实际：将这些关键点与竞聘岗位的要求联系起来，说明为什么这些关键点能够让你胜任这个岗位。

扬长避短

优势突出：明确个人优势，并在汇报中突出这些优势，可以是你的专业技能、工作经验、成就等。

劣势转化：对于自己的不足，采取转化的策略。例如，如果你缺乏某方面的经验，那么可以展示你如何快速学习并适应新环境。如果你太年轻，可以强调自己擅长运用互联网思维解决工作难题的优势。

风险控制：对于可能被竞争对手攻击的弱点，提前准备应对策略，比如提出改进计划或者展示你如何通过团队合作来弥补这些不足。

情理兼顾

情感共鸣：在汇报中加入一些能够引起情感共鸣的元素，比如你对这个岗位的热情、对团队的承诺等。

理性分析：同时，也要提供理性的分析，比如你的工作计划、预期目标、可能的风险及应对措施等。

平衡表达：在表达时，既要有情感的投入，也要有理性的支撑，让评委感受到你的热情和决心，同时也看到你的专业性和计划性。

汇报小案例

尊敬的评委和同事们：

大家好！我是张华，今天非常荣幸能在这里与大家分享我对市场部经理岗位的理解和我的竞聘计划。

首先，我想通过一个小故事来展示我的工作理念。去年，我带领团队完成了一个看似不可能的任务——在一个月内提升了我们产品在市场上的知名度。我们通过精准的市场调研，发现了目标客户群体的真正需求，并迅速调整了营销策略。这个案例虽小，但它体现了我如何通过细节把握大局，以及我对市场动态的敏锐洞察力。（以小见大）

在市场部工作期间，我特别注重数据驱动的决策。例如，我主导的市场分析项目，通过深入分析消费者行为，帮助公司节省了30%的营销预算，同时提升了20%的转化率。这一点不仅体现了我的数据分析能力，也展示了我如何将个人专长转化为团队和公司的成功。（以点带面）

我深知自己在技术应用方面还有提升空间。为此，我已经报名参加了最新的数字营销课程，并计划在未来六个月内完成学习。我相信，通过不断学习和实践，我能够将这些新技能融入我的工作中，进一步提升团队的竞争力。（扬长避短）

我对市场部经理这个岗位充满热情，因为我深信通过创新和团队合作，我们可以在市场上取得更大的突破。理性地看，我已经制订了详细的工作计划，包括市场扩张策略、品牌建设计划以及团队培养方案。我相信，我的这些计划将帮助我们实现年度增长目标。（情理兼顾）

最后，我想说的是，我将以我的热情和专业能力，带领市场部迎接新的挑战。我期待能够得到大家的支持，让我们一起为公司创造更加辉煌的未来。谢谢大家！

其他汇报

我们已经学习了不少汇报类型和结构，相信你已经对汇报这件事有了更深的了解，对如何搭建逻辑清晰、重点突出的汇报结构，心中也更有把握了。

随着我们职场生涯的不断延展，一定会碰到一些从未遇见过的汇报类型或场景，该如何有效应对呢？

我们要基于之前已建立起的汇报能力和知识，见招拆招，为这些全新的汇报设计独一无二的逻辑框架。

学习框架，丰富汇报武器库

玩游戏的朋友都知道，当你操控游戏里的角色去征战断杀时，你特别希望自己有个丰富的武器库，里面装满各式各样的武器和道具，供你在游戏中随时使用。

你可以针对不同的怪兽或敌人，选择最合适的武器道具，甚至还可以通过不同武器道具的组合，来提升角色的杀伤力、防御力、魔法力等。

在这样的游戏世界里，你所向披靡！那么在汇报世界里，你是否也可以拥有这样一个武器库呢？

当你碰到从未碰到过的汇报场景，就可以借助汇报武器库里现有的装备和工具进行排列组合，最终打造出得心应手的汇报框架，来应对当下的汇报场景。

这不是痴人说梦，优秀的汇报者都会有自己的“武器库”。今天我们也来介绍一些好用的“武器”。

杰瑞·魏斯曼（Jerry Weissman）是美国著名的商务演讲教练，他提出了 16 种演讲 / 表达结构，正好可以用来作为我们搭建“汇报武器库”的基本元素。

表 6–3　杰瑞·魏斯曼 16 种演讲 / 表达结构

1. 模块型	将相似的内容或观点平行组织在一起，条理清晰。例如，在介绍产品不同功能时，用不同模块来详细解释。
2. 时序型	按照时间顺序排列事件，适用于讲述历史事件或发展过程。例如，讲述一家公司从创立到上市的历程。
3. 物理型	根据物理或地理位置来组织内容，适用于介绍地理分布或物理结构。例如，介绍一个城市的各个区域及其特点。
4. 空间型	根据空间布局来安排内容，适用于介绍建筑布局或展区分布，以及有空间感的模型。例如，分五层介绍马斯洛原理。
5. 问题 / 解决型	先提出问题再提供解决方案，适用于需要展示问题和解决方案的场景。例如，介绍一种新药物如何治疗特定疾病。
6. 议题 / 对策型	针对议题提出相应对策，适用于政策讨论及方案提出。例如，讨论如何应对气候变化，并提出具体的政策建议。
7. 机遇 / 手段型	先描述机遇，然后说明实现手段，适用于商业计划和策略介绍。例如，介绍一个新兴市场的机会以及如何进入该市场。
8. 形式 / 功能型	先描述形式然后解释手段，适用于介绍业务模式和实施方法。例如，介绍一种新的销售模式及其运作方式。
9. 特色 / 利益型	先介绍产品或服务的特色，然后阐述其对听众的利益，适用于产品推介。例如，介绍新手机的独特功能及好处。
10. 案例研究型	通过案例研究来展示论点，适用于展示实际应用和效果。例如，通过一个成功的营销案例来展示营销策略的有效性。

续前表

11. 以退为进型	先提出反对意见然后反驳来强化观点，适用于辩论说服。例如，讨论有争议的政策时，先提出反对意见再逐一反驳。
12. 比较 / 对比型	通过比较和对比来阐明观点，适用于展示不同选项间的差异。例如，在介绍两款相似产品时比较其性能和价格。
13. 矩阵图表型	将论点做成二维矩阵，分别进行陈述，得出最终结论。例如，运用 SWOT 分析介绍方案。
14. 平行结构型	将矩阵图表型细化，每个象限都有更多的要点进行陈述。例如，运用人才九宫格对人才的标准进行详细论述和分析。
15. 自问自答型	通过提问并回答的方式引起听众共鸣，让听众参与其中。例如宣导政策时，把听众心中的困惑用自己的声音说出来。
16. 数字榜单型	以数字形式列出要点，例如，“工作中的七重挑战”“10 个最佳服务瞬间”等。

这些结构有助于汇报者根据不同的汇报目的和内容，选择最合适的方式来组织和呈现信息，提高汇报的逻辑性和说服力。

当然，你也可以继续通过学习、借鉴、收集等方法，在这个武器库中不断添加新的元素。

梳理思路，设计汇报故事线

金字塔结构虽然可以确保汇报框架逻辑清晰，但是它也存在着一个短板：按照金字塔结构搭建出的汇报框架过于四平八稳。如果一个人每次汇报都按照这个结构写，你是否感觉有些无聊和审美疲劳呢？因为整个汇报过程中缺少内容的起伏变化，给人中规中矩的感受。

其实还有一种构建汇报框架的思路：故事线法。故事线法是把整个汇报内容看作一个大的故事，而故事线就是串联其中一条跌宕起伏的线索，能实现内容的“起承转合”，既确保了汇报内容的逻辑性，又能通过汇报内容的变化引发听众的兴趣。

如果传统的汇报是“推式”表达，也就是使劲给听众灌输各种信息，直到听众厌倦，那么用“故事线”搭建的汇报就是“拉式”表达，能让听众有种欲罢不能的感受，继续听下去。

我们通过一个例子来帮助大家深入了解“故事线法”在汇报中的运用。

汇报小案例

张诚是市场营销部的渠道专员，负责拓展公司外部的营销渠道，以期获得更大的营销回报。今天，他希望通过一次汇报向上级领导申请更多的拓展费用。我们先来看如果用“金字塔法”设计汇报框架，会是什么样子。

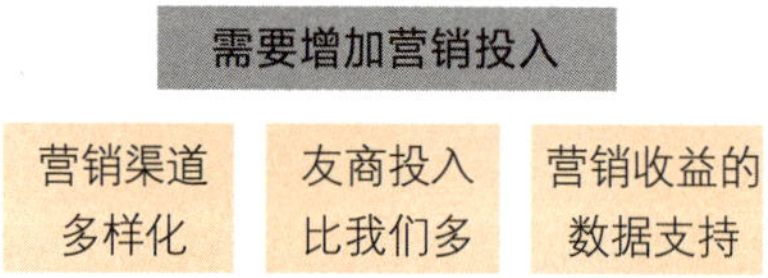

需要增加营销投入		
营销渠道多样化	友商投入比我们多	营销收益的数据支持

金字塔法

四平八稳的结构

可以看到，张诚希望从三个平行的维度来论证增加拓展费用的观点，四平八稳完全符合“金字塔原理”的原则，但是就像我们提到的，金字塔原理在稳健之余缺少紧张感和推动感。

接下来，我们再来看用“故事线法”调整一下后，会变成什么样子。

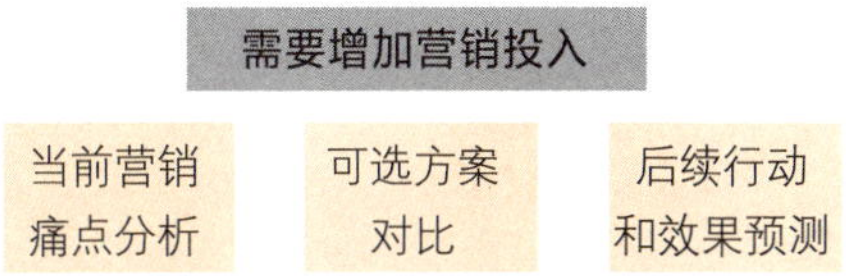

需要增加营销投入

当前营销痛点分析	可选方案对比	后续行动和效果预测

故事线法
跌宕起伏的走向

在这种框架下，每个模块之间不再是相互独立的，而有种“前面的模块在为后面的模块不断做铺垫和伏笔”的感觉。有种推着听众向前走的感觉，让听众“欲罢不能”。

是不是“故事线法”要比“金字塔法”更高级呢？严格来说，故事线法也是符合金字塔原理的，只是“故事线法”更强调内容间的递进关系，制造出了变化感。

当我们面对一种全新的汇报场景时，一方面可以寻找武器库中合适的表达结构，尝试进行组合；另一方面可以把组合而成的内容，试着梳理出一条清晰的故事线，让内容间形成“跌宕起伏”的推动感，既确保了逻辑的清晰，又抓住了听众的兴趣点和关注点。

咨询公司特别擅长用故事线做汇报，通常咨询顾问在前往客户公司做汇报前，都会思考一个问题：今天我们要给客户讲一个什么样的故事？

这里的故事并不是指真的故事，而是指整个汇报要营造出什么样的氛围，沿着怎样起伏的主线往前发展。比如，在汇报一个典型的技术方案时，可能按如下故事线展开（见图 6–4 所示）。

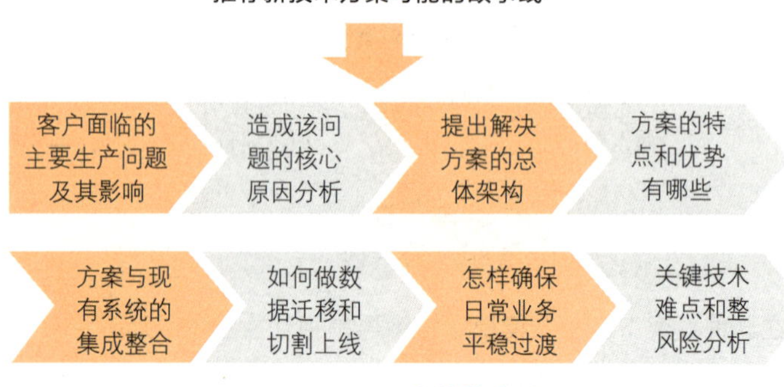

图 6–4　可能的故事线

这里的故事线有点类似前面介绍的提案型汇报，只是拆分成更具体详细的元素，用故事线串联起来。有意思的是，故事线不光体现在内容框架上，还可以体现在幻灯片的标题上。

图 6–5 是麦肯锡用于介绍非处方药（OTC）市场的汇报幻灯片中的一张，你会发现咨询公司的幻灯片标题都很长，因为每页 PPT 的观点都用一句话体现在标题上了，我们称之为“结论先行”。

China OTC market is expected to become the 2nd largest in the world by 2010

OTC market size (at manufacturer selling price)
USD Billions

Main drivers of OTC growth in China

- Rise of patient self-medication
- Rising income levels of urban population and demand for high-quality OTC products
- Development of the retail pharmacy channel

2001 top 10		2007 top 10		2010E top 10	
USA	15.4	USA	19.8	USA	22.9
Japan	6.8	Japan	7.5	**China**	**10.2**[1]
Germany	3.7	**China**	**7.4**[1]	Japan	8.2
France	2.8	Germany	5.4	Germany	6.3
China	**2.8**[1]	France	4.8	France	6.2
UK	1.7	UK	3.1	Brazil	4.6
South Korea	1.2	Italy	3.1	Italy	4.0
Brazil	1.1	Brazil	3.0	UK	3.6
Canada	1.0	Canada	2.3	Canada	3.4
India	0.9	Russia	1.9	Russia	2.9

1 China's OTC market of Traditional Chinese Medicine (TCM) is being underestimated; Nicholas Hall data applies 2007 exchange rate of 1 USD=7.3 RMB to all years, which underestimates future OTC market size in China

SOURCE: Nicolas Hall Yearbook 2008; McKinsey analysis　　McKinsey & Company | 2

图 6–5　麦肯锡幻灯片示例

如果我们把前四页幻灯片的标题集中到一起，你看完有什么感觉呢？

第一页：中国的 OTC 市场将在 2010 年前成为世界第二大的市场

第二页：OTC 市场已占据中国医药市场的 25% 以上，其中中成药占比超过一半

第三页：主流的 OTC 竞争者多为本土企业，其发展速度已超过了跨国企业

第四页：许多跨国 OTC 品牌已无法维持高于市场平均发展速度的高速增长

这四个标题串联起来，是不是仿佛在讲一个让你感兴趣或为之紧张的故事？这样就达到了汇报的目的了。所有咨询公司都会在幻灯片的标题上进行认真的设计，来体现出“故事线”的感觉。

有了数量丰富的“汇报结构”，加上“故事线”的思维，相信即使面对不太熟悉的汇报场景，我们也能得心应手地设计出优秀的汇报框架。

优化篇

锦上添花，让你的汇报更出彩

工欲善其事，必先利其器；器欲尽其能，必先得其法。

——《论语》

第 7 章

有效呈现，借助工具为汇报助力

每年春节档，各大电影公司都会争先恐后地发布旗下精心制作的电影作品，以期抓住这个年度最赚钱的黄金档期。但不论前期宣传工作做得多么出色，一旦电影开始在院线播放，真实的市场反映就会告诉我们，哪一部是真正的好电影，哪一部不过是被炒作出来的平庸电影。

无论是好电影还是差电影，其故事原型、立意方向、内容框架在最初看起来都挺不错，既有新意也很让人期待，但是为什么一旦观众看到了全片之后，评价就会截然不同呢？原因还是在具体的细节处理上，正所谓“细节决定成败”。

有些电影的人物定位偏离了观众，缺少影响力；要么情节设计出了问题，故事推进生硬；或者场面上刻意煽情，无法产生共鸣。这些都会导致一个好故事被讲烂、拍烂，最终成为失败的电影。

工作汇报有时也像是新上市的电影，期望通过精妙的设计得到听众的认可和好评。为了让汇报得到预期的效果，我们除了花时间设计其核心框架结构外，还需要在其他细节上继续潜心打磨，运用各种方法让它最终成为一个优秀的作品。

究竟有哪些让汇报变得更优秀的方法工具呢？我们将从数据运用、故事感染、材料呈现和AI人工智能四个方面，介绍一些事半功倍的技巧。

理性说服：学会在汇报中让数字说话

我们把大脑分为“左脑”和“右脑”。左脑被称为理性脑，主要具有理解、记忆、判断、概念、推理等功能；右脑则被称为感性脑，主要负责音乐绘画、空间几何、想象，以及创造灵感、顿悟等功能。

在汇报这件事上，左脑代表逻辑思考，理性分析，列举事实数据来力图说服；而右脑则代表运用故事、情感、画面、心理学等制造影响。

很多人在汇报时几乎只用左脑，很少用到右脑。其实，左脑和右脑各有优势，如果能组合使用则效果甚佳。这里我们先来看一下左脑如何在汇报中发挥作用。

在左脑技巧中，数据是最常见的、特别容易使用的一种。如今我们已经进入大数据时代，获取数据已变得非常容易。每天我们通过微信、支付宝进行交易，浏览购物网站时不同的点击量，点外卖时对某些商家和商品的消费习惯，会产生海量的数据，被记录在各类数据库中，也成为我们汇报的素材。

在汇报中，我们开始告别只讲道理，只凭感觉，毫无数据基础的汇报方式。如今，不管是论证观点结论，还是分析工作问题，都要有充分的数据支持，让汇报更具可信度。

当数据的获取变得日渐容易之后，另一个问题就出现了：该如何有效地运用数据去汇报？要想更好地使用数据，我们必须了解“一要一不要”的原则。

“一不要”，就是不要盲目堆砌数据。当你把一大段数据胡乱地塞满你的汇报时，会让内容变得臃肿不堪，还会用烧脑枯燥的数据“烦死”听众。所谓过犹不及，我们必须从众多数据中选出最有代表性、最有利于论证汇报观点想法的那些数据，进行有效组合后放进汇报内容中。

“一要”，就是要学会“用数据讲故事”。美国数据分析专家科尔是谷歌前人力分析团队经理，她的畅销书《用数据讲故事》（*Storytelling with Data*）告诉我们，要学会利用数据讲好故事。

用数据讲故事和前面介绍的汇报故事线相似，不是真的去讲一个具体的故事，而是通过数据的组合，营造一种让听众产生兴趣和迫切感的氛围，从而让汇报变得有吸引力。

学会聪明地运用数据，为汇报助力，也是优秀职场人士必修的课程！

了解数字魔力，使你的汇报效果倍增

阿拉伯数字从 0 到 9 总共只有 10 个，却可以衍生出无穷多的组合。这些看似毫无关系的数字，描绘着世界的规律。用好数字，就能帮助我们发现问题关键、找到有效方法、做出经营决策、提升工作效率。

在汇报中，我们运用合适的数据，可以给听众以定量化的理解，能更精准地解释汇报中关键信息的意义。

销售汇报中有这样一段文字：“整个二月份，我们的销售额比之前有所提升，尤其是几款爆品都比上个月卖得更好了。但是相比去年，二月的增长趋势其实是有所下降的，可能是因为今年春节客户的消费欲望不如往年，导致在销售额方面无法取得和去年一样的成绩。”

这段汇报内容有不少问题。汇报者开始提到了“销售额有所提升”，这应该是个好消息，但是到底提升了多少却没有提及；之后又提到了相比去年同一时段，今年销售额的增长趋势有所下降，但是下降了多少，是不是有偶然因素，是所有产品都下降了还是几个爆品下降了，这些问题都没有讲清楚。

于是当汇报者最终得出是客户消费欲望不高导致销售量下降的结论时，我们心存怀疑，无法完全认可。

我们试着在汇报中加入合适的业务数据：“整个二月份，我们的销售额比上个月增长了 10%，尤其是几款爆品比上个月增长了 15%，卖得非常好……整个二月份的平均增长率，比去年的平均增长率低了 5 个百分点。我们也做了一些市场调查和数据分析，目前看来最有可能的原因，是今年春节客户的消费诉求下降，调研显示客户愿意在这类产品方面花的钱比往年下降了 1000 元。还有一个占比较高的原因是产品更新换代较慢。稍后我会把调研的报告发给大家参考……”

第二段汇报内容明显比第一段信息丰富、逻辑清晰、结论明确，我们甚至还能感受到汇报者在工作过程中付出的努力，增强了对汇报者工作的认可。

在日常工作中，我们要注意随时随地收集对工作有帮助的关键数据，在汇报中有效展示。

2009 年 11 月 11 日，天猫淘宝启动了第一届“双十一”购物狂欢节，开启了网络购物的潮流。此后每年的双十一成了网络消费固定的节日，各大平台也纷纷跟进，这一天屡创销售额的新高。

为了展示自己平台的能量和惊人的销售能力，大平台通常会在直播间竖起一块 LED 大屏，在大屏上实时显示某一时刻的关键销售数据，我们称为仪表盘 / 数字大屏。

这块大屏上面展示的都是听众最关心、也最能体现销售状况的核心数据，比如销售总额、成交单数、活跃客户破 1 亿的时间、上一分钟成交金额、每个小时的成交金额、国内各个城市成交状况、国际上成交量最高的国家排行等，把这些关键数据投在大屏上，既直观又震撼。

想象你的汇报文件也是这样一块数据大屏，请问你会在上面放哪些核心数据，你又会如何展示它们？在汇报工作时，你一定要选出与工作最直接相关的数据，充分展现你的工作情况和成果。

各行业工作汇报相关数据

汇报类型	相关数据
销售汇报	销售额、销售单数、新增客户、回款比例、拜访客户数、成单率
客服汇报	服务单数、通话时长、客户满意率
运营汇报	用户活跃度、留存率、转化率、运营成本、运营效率
培训汇报	培训课程数、参训人数、参训率、课程满意度
项目汇报	已完成任务数量、逾期子任务数量、差错率
财务汇报	收入增长率、利润率、投资回报率、存货周转率

由于行业差异和企业差异，即使是相似性质企业中的相同职位，在考核和评估工作成果时，运用的数据标准可能也会大相径庭。因此，要结合具体的职位情况和汇报要求，判断哪些才是决定工作成绩和汇

报效果的关键数据。

我们在收集这些关键数据时，同时还要留意获取数据的来源，从而确保其准确性。在很多专业文献中，作者引用数据时，通常会在数据下方或备注栏里标识这些数据来自哪里。这样既能显示数据来源是可靠的，也方便有兴趣的读者可以找到这些数据做深入的研究。但我看到的大部分汇报，汇报者通常都不会标识具体数据来源，这样会让人质疑数据的真实性和可靠性。

此外，为了让听众理解数字的真实含义，在展示数据时，我们可以运用一些对比的方法。常见的对比包括同比和环比。同比是和历史同时期自己的情况做比较，关注的是中长期的变化情况。环比是和上一统计时段（上个月或上个季度）自己的情况进行比较，环比一般关注的是数据的短期变化。

总之，获得高质量的数据，并用合适的方式展示出来，才能让汇报更专业。

用好表格图表，让复杂汇报事半功倍

当汇报数据特别多的时候，又该怎样有效地呈现给听众，而不至于显得杂乱无序？

我们来谈谈汇报中常用的两种数据展示工具：表格和图表。表格和图表都是把零散的数据进行归纳整理后显示给听众的方式。

先来看看比较简单的表格。表格是指按所需内容项目画成格子，分别填写文字或数字的书面材料，便于统计和查看。在汇报资料中，常用 n 行 ×n 列来表示，如表 7–1 所示。

表 7–1　　表格示例

编号	姓名	所属部门	职工类别	基本工资	岗位工资	奖金	补贴	应发工资	扣养老金	请假扣款	扣所得税	实发工资
0001	王耀东	办公室	管理人员	3000.00	2000.00	500.00	300.00	5800.00	300.00	100.00	870.00	4530.00
0002	马一鸣	办公室	管理人员	3000.00	2000.00	500.00	300.00	5800.00	300.00	0.00	870.00	4630.00
0003	崔静	销售部	管理人员	2000.00	2000.00	800.00	300.00	5100.00	200.00	33.00	765.00	4102.00
0004	娄太平	销售部	管理人员	2000.00	2000.00	800.00	300.00	5100.00	200.00	0.00	765.00	4135.00
0005	潘涛	生产部	工人	1500.00	1500.00	1000.00	300.00	4300.00	150.00	100.00	0.00	4050.00
0006	邹燕燕	财务部	管理人员	2500.00	2000.00	600.00	250.00	5350.00	250.00	250.00	802.50	4047.50
0007	孙晓斌	生产部	工人	1500.00	1500.00	1000.00	300.00	4300.00	150.00	0.00	0.00	4150.00
0008	赵昌彬	销售部	管理人员	2000.00	2000.00	800.00	300.00	5100.00	200.00	0.00	765.00	4135.00
0009	邱秀丽	财务部	管理人员	2500.00	2000.00	600.00	250.00	5350.00	250.00	583.00	802.50	3714.50
0010	王富萍	生产部	工人	1500.00	1500.00	1000.00	300.00	4300.00	150.00	0.00	0.00	4150.00
0011	宋辉	销售部	管理人员	2000.00	2000.00	800.00	300.00	5100.00	200.00	333.00	765.00	3802.00
0012	高辉	销售部	管理人员	2000.00	2000.00	800.00	300.00	5100.00	200.00	0.00	765.00	4135.00

表格既可以有序地排列数据，还能显示数据间的关系。比如，我们可以通过姓名，找到对应的销售额，也可以统计出这个人在某个月的总销售额，非常便于在汇报中展示重要数据。但是在汇报中使用表格时，有两个注意要点。

第一，不要在汇报的表格中放入太多数据，这样会让信息过载，其结果就是让听汇报的人昏昏欲睡。

为了便于听众观察和思考数据的规律，我们可以通过使用一些视觉优化手段来提高效率。比如去掉网格线、运用斑马纹、给重点数据加粗变色等方式，从总体上降低听众阅读时的难度。

第二，什么时候才需要用表格？汇报材料中经常会出现大量需要花时间阅读的表格，汇报者会有一种错觉，认为表格越多就显得自己工作越努力。

业内有个说法“表不如图”，也就是在展示数据时，表格的效果不如图表。因为当表格中包含了较多数据后，听众很难看出数据背后的规律。对于一组数字“1、4、5、7、9、6、8、2”，你能否马上识别出数字的趋势？这比较难吧。但是如果把这组数字转化为折线图时，你就能很快看出其规律了。

所以，表格不能乱用，它最常用的使用场景，就是需要向听众展示原始数据时采用。

再来看看图表。图表是注明各种数字并表示各种趋势情况的图册和表格的总称。随着计算机功能的发展和图形可视化的流行，目前可以在汇报中运用的图表越来越多，最常见的是以下四种：柱形图、条形图、饼图、折线图等。

柱形图

柱形图又称柱状图，是一种以长方形的长度为变量的统计图表，用来比较两个或以上数据的价值（不同时间或者不同条件），见图 7–1 示例。

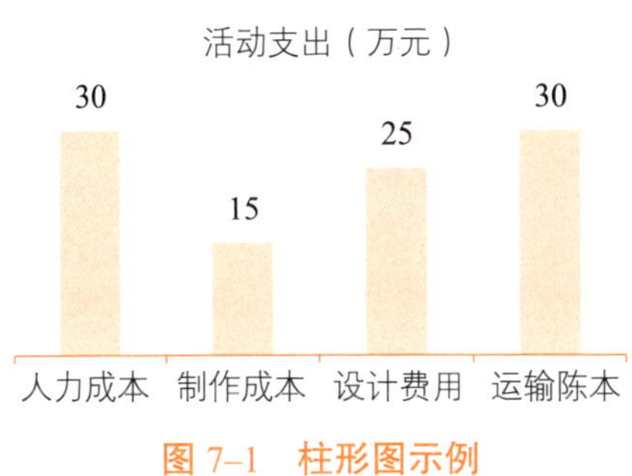

图 7–1　柱形图示例

在实际使用中，柱形图的横坐标往往是时间变量，因为横向显示时间更符合人们的阅读习惯。通过不同时间的数据对比，展示目标数据随着时间而发生的变化趋势，比如每个月的销售额变化，每年的交通事故死亡率，每个季度的房价变动。

柱形图是汇报中使用频率较高的一种图表，通过去掉纵坐标，把数据标在每个柱的顶端，增加表示趋势的箭头，可以优化其显示的效果。除了单个变量外，用柱形图也可以表示多个变量间的对比，从而衍生出簇状柱形图（多个变量间并排放置）和堆积柱形图（多个变量堆积起来）。

条形图

条形图是用宽度相同的条形的高度或长短来表示数据多少的图形。看上去，条形图就像横放的柱形图，但什么时候该用条形图而不是柱形图呢？

条形图最典型的使用场景，是在汇报中对数据进行排序，见图 7–2 示例。例如，我们需要了解公司产品在市场上的地位，就可以用条形图来显示。古时候科举考试放榜的时候，名次都是上下排列的，用条形图显示排位名次的信息符合人们的阅读习惯。

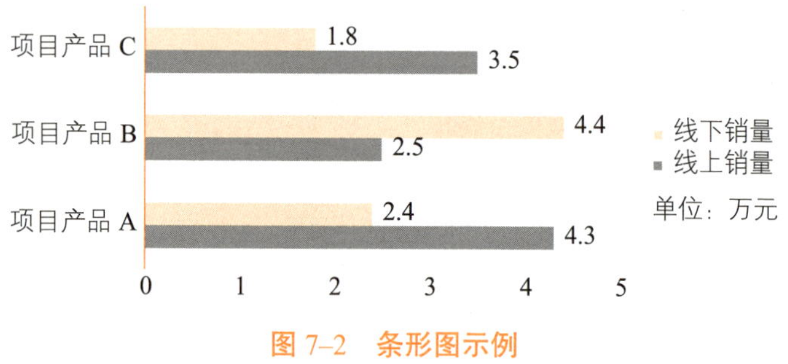

图 7–2　条形图示例

有时候，我们会发现如果柱形图下方标识文字的区域过窄而文字较多时，就会导致每隔少量文字就需要换行，影响了视觉效果。这个时候如果改用条形图把文字标识在左侧，通常就不会出现文字拥挤的现象。

饼图

饼图也是汇报中常用到的图形，它用来显示一个数据系列中各项的大小与各项总和的比例，通常以百分占比的形式表示，见图 7–3 示例。

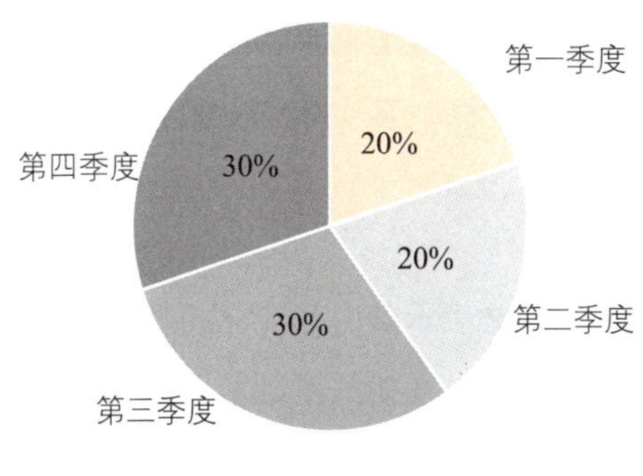

图 7–3　饼图示例

饼图使用时的注意事项

- 饼图上的重点数据通常标识在12点钟方向顺时针数过来的第一块饼上。
- 为了凸显某块饼上的数据，可以把这块饼单独与其他饼分离来进行强调。
- 使用饼图时，不建议为每块饼设置不同的颜色（有时是系统默认产生的），会让饼图五颜六色很难阅读。
- 饼图上每块饼代表的意义，既可以用图例在饼图以外显示，也可以直接标注在饼图上。

有些图表专家会建议少用或不用饼图。他们认为我们在识别饼图上哪一块饼更大时，并不具备准确的判断力。尤其是当汇报者用“三维立体饼图”来展示数据时，离你眼睛最近的那块饼看上去会明显大一点，就会干扰你对数据的理解。

在实际汇报中，饼图依然是一种很受欢迎的图表。如果不用饼图，你也可以用“百分比堆积柱形图”和“百分比堆积条形图”来替代。

折线图

和柱形图一样，通常表示随时间变化的数据趋势，但柱形图显示的是某些时间点上的数据，而折线图则显示的是某个时间段上连续的数据，见图 7–4 示例。

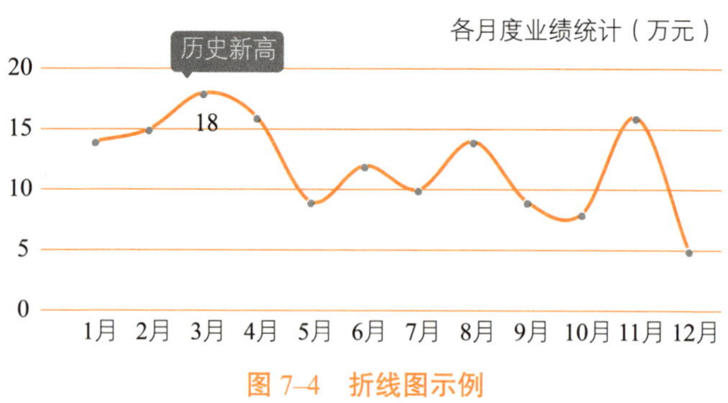

图 7–4　折线图示例

如果折线数量太多，颜色杂乱，最大单位设置过高，会导致视觉上的干扰和对折线上数据阅读的困难性，因此一般不建议在一张图中绘制太多折线。

以上四种图表，是我们在汇报中使用频次较高的四种图表。除了这些图表外，还有一些我们也经常听到，比如散点图、热力图、雷达图、漏斗图等，大家有兴趣的话也可以去了解下这些图表的特点和使用场景。最重要的是要了解清楚，不同图表的功能是什么，以及适合用来展示什么样的汇报信息。

在汇报中，当我们能够灵活制作和运用这些专业的数据图表时，既能有效地就汇报内容进行深入解读和分析，还能提升我们汇报的可信度和专业度，为汇报锦上添花。

学习数据分析，从现象入手挖掘本质

除了在汇报中提供直接的数据或图表以外，还要有效通过数据帮助听众“从现象看透本质”，借助数据找到其背后藏着的规律和意义。

这两年，数据分析这个词也成为热门词汇，许多公司逐步招聘数据分析的重要岗位，越来越多职场人士也开始学习数据分析了。

那么什么是数据分析呢？我们先来看两个例子。

1812 年，战无不胜的拿破仑雄心勃勃地要统一欧洲，率领 61 万大军气势汹汹地入侵俄国。没想到这场战争的结局以拿破仑的军队大败告终，他率领的军队仅余 3 万残兵败将。许多研究历史的人猜测，之所以有这么大的伤亡，主要是由于饥饿和疾病的原因。

后来有人根据这些伤亡数字，标上了不同时间段对应的温度线，做了张图表。从这张图表中人们才了解到许多法国士兵其实是在行军过程中冻死的，冷冰冰的数字背后隐藏着一个惨烈的事实。如果不对数据进行分析，就只能凭想象来猜测可能的原因。

在商业领域，为了确认几个方案中哪个可能更有效，会采用一种叫“AB 测试”的工具。

举个例子，你开的奶茶店最近想做一波促销活动，但是对于主推草莓口味的奶茶还是抹茶口味的奶茶，你始终拿不定主意。于是你在小程序上设计了两种口味奶茶的促销页面（A 页和 B 页），访问小程序的用户就会随机看到两种不同的页面。你通过最终的后台数据，可以了解到看到两种页面后继续往下点击的人数占比，通常数据高的那个页面就会被你用作正式的促销页面。

掌握了数据分析的方法，就能让汇报有更客观的依据，也更容易帮助听众做决定。

如果我们把数据想象成食物的话，数据分析的四个步骤就相当于获得食材、加工、烹饪、上菜的过程（见图 7–5 所示）。

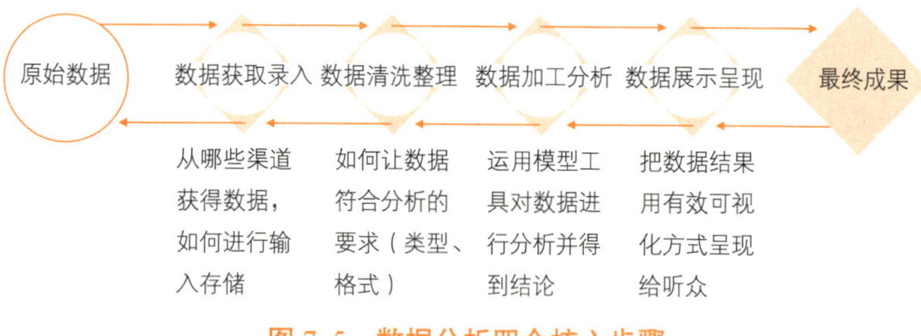

图 7–5　数据分析四个核心步骤

其中最难的是步骤三，如何找到最合适的方式做分析；与汇报最相关的则是步骤四，通过什么形式呈现出来，并让听众理解认可。

关于步骤三，我们简单列举两种比较容易理解的分析方法，帮助大家理解。

第一种：公式法。就是把目标数据通过公式进行拆解，找到影响目标数据的子元素，比如，销售额 = 产品单价 × 销售量。

如果一段时间销售额无法提升，我们就可以去分析是产品定价的问题，还是销售量的问题。而销售量 = 门店数 × 每个门店平均销量，那么可以在销售量维度继续拆解和分析下去，以此类推。

第二种：模型法。就是套用一些合适的数学或商业模型，对数据进行分析。比如，电商平台之前对所有客户推送统一的促销信息，但效果不好。因为客户与客户之间存在较大的差异，消费习惯、消费能力、关注产品都不一样。

通过 RFM 模型（R 代表最近一次消费时间距现在多久；F 代表消费频率，指用户在一定时间内消费的次数；M 代表消费金额，指用户在一定时间内的总消费金额），电商平台根据每位客户的实际消费数据对客户进行评分，最终划分出八种客户类型。有了分级，我们就可以针对不同类别的客户设计不同的推动、促销方案（见图 7–6 所示）。

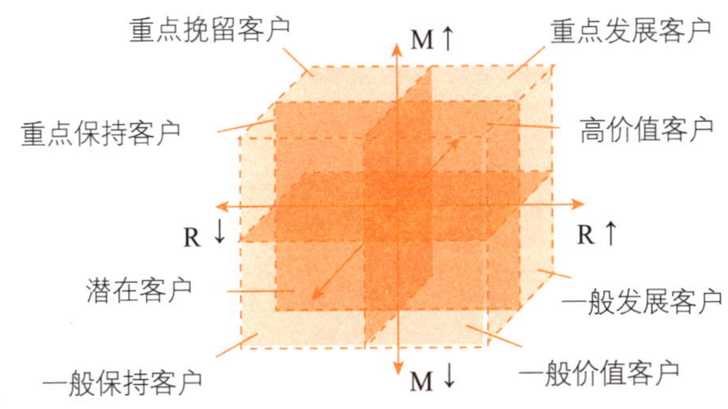

R 分值	F 分值	M 分值	RFM 分值	客户类型
高	高	高	222	高价值客户
高	高	低	221	一般价值客户
高	低	高	212	重点发展客户
高	低	低	211	一般发展客户
低	高	高	122	重点保持客户
低	高	低	121	一般保持客户
低	低	高	112	重点挽留客户
低	低	低	111	潜在客户

图 7–6　八种客户类型

做完分析，我们需要在步骤四中有效地把分析结果展示给听众。

除了前面介绍的用图表的方式来展示外，我们来了解如何用数据“讲好故事”的理念。我经常看到汇报者在幻灯片页面上粘贴一些表格或图表，但讲解时不做任何深入解释，只是草草地读一下数据就翻到下一页了。

当我们在讲解汇报数据时，最好明确下，自己到底在讲以下四种故事中的哪一种（表 7–2 所示）。

表 7–2　　汇报数据时可以讲的四类故事

故事类别	核心本质	汇报目标	运用案例
“是多少”的故事	收集数据，汇总结果	描述现状，展示结果	门店销售额汇总表
“怎么样”的故事	寻找标杆，有效对比	评估结果，确认差距	各门店总销售额对比（柱状图）
“为什么”的故事	分析差距，寻找原因	问题分析，项目复盘	横向对比门店每个月的销售额
“会怎样”的故事	发现规律，预测未来	制定方案，预测效果	预测增加营销活动后的销售额

这四种故事中，前三种是基于历史数据做分析解读的，最后一种是基于历史数据加上调整策略后，做未来预测的，会更有挑战些。

当然，数据分析的内容远不止于此，我们只是抛砖引玉让大家感受了它的魅力，以及对提升汇报效果的重要性。如果你想提升自己的汇报质量，一定要花点时间去学习。

感性影响：汇报中的故事和心理学技巧

“讲故事”一词翻译成英文是“Storytelling”，这个词在汇报中包含了两种含义（见图 7–7 所示）。

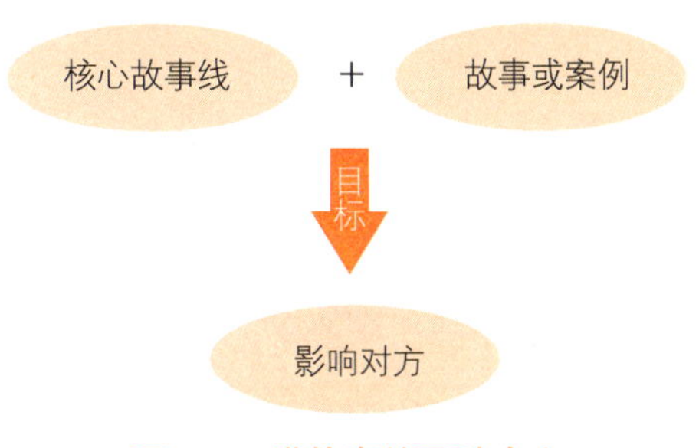

图 7–7　讲故事的两种含义

故事中到底包含了什么样的关键要素，使得它能够产生巨大的影响？

人类天生喜欢听故事和传播故事。人类的 DNA 中似乎天生存在一种对故事感兴趣的基因，我们喜欢关注各种各样的故事，也喜欢通过自己的方式，把这些故事传递给更多人。

历史学家尤瓦尔·赫拉利在其畅销书《人类简史》中谈到：“人类之所以成为地球的主宰，就在于人类能创造并且相信虚构的故事……如果一只大猩猩对另一只大猩猩说，你把这根香蕉给我，死后就会进入天堂，那里有吃不完的香蕉，大猩猩当然不会相信这样的故事。而只有人类才会有这种想象力，才会相信这样的故事，并因此改变自己，改变世界。”

好故事都有跌宕起伏的情节，能引发情绪代入。一个优秀的故事通常都有跌宕起伏的情节安排，这种情节上的矛盾冲突更容易吸引听众的注意力。

此外，好的故事能让听众轻松地从中看到似曾相识的画面，听到汇报者深埋心底的声音，触动久违的情绪，最终感受到故事讲述者想传递的信息和观念。这种感染力远比说教和讲道理来得悄无声息，影响深远。

故事专家安妮特·西蒙斯（Annette Simmons）在她的畅销书《故事思维》（*The Story Factor*）中提到："讲故事成为一项综合了情商、教育、娱乐、神经系统科学的沟通策略，人们只要学会精心构思一个故事，并且将其分享出来，能让听者和说者都颇有感触的话，各种情形下的沟通都会有所改善。"

在汇报中合理地运用故事技巧，可以增强说服力，让沟通变得更加柔和。把故事作为左脑理性分析的补充，可以达到一种互补的效果。

在感性维度方面，除了故事会影响我们做决策以外，心理暗示同样也很重要。比如在汇报中，如果你第一眼看到汇报者的穿着不是最得体，就会影响你对他后续汇报的判断，即使他的汇报很出色。

借助故事细节，让听众产生情绪共鸣

汇报小案例

小张结束了半年的驻外项目回到总部，郭总把小张叫去办公室，询问他半年来的工作情况。小张把工作情况有条不紊地一一介绍给了郭总。汇报快结束时，郭总突然问道："听说你们项目所在的环境特别糟糕，这半年来你们是怎么开展工作的，一定很辛苦吧。"

性格内向的小张原本打算谦虚地讲下困难，感谢下领导的关心就算了。"确实，项目所在的办公环境很糟糕，不过还好公司为我们做了充分的考虑，给我们定期送了很多物品过来……"但是他突然意识到这样的描述过于平淡，无法让领导真正了解到项目有多困难。

于是，他借助一个故事把项目中遇到的挑战传递给了领导："确实，这个项目所在的工作环境带来了很大的挑战。我记得第一天到项目现场，什么都没有，连个像样的办公室都找不到。我们找到合作单位问他们，结果他们还幸灾乐祸地告诉我们要自己想办法……公司给我们送去了必要的办公用品，帮我们缓解了困难。可是到了临近夏天的时候，气温一下子升上来了，办公室没有空调，空气不流通。每天上午到办公室后，我们只能靠一台很小的风扇吹风，基本上到 10 点左右，衬衫就都湿透了。这样的情况一直延续了三个星期，还好我们努力撑了过来……"

点评：相比原先直白的描述，用讲故事的方式汇报工作中的情况，显得更加有细节感，可以让听众在故事情节中脑补出画面、声音和故事中角色的感受，对听众的冲击和影响力明显更加强烈。

在汇报中尝试讲故事时，我们往往因为缺少经验而抓不住讲故事的要点，容易把一个原本可以讲好的故事讲砸了。

第一种原因：把"案例"和"故事"混淆

所谓案例，指的是非常简短、几乎没有情节的"故事"。我们常用

“举个例子”或“打个比方”的话来引出案例。在下面这段话中，你觉得汇报者是在讲故事还是在举例子？

根据我们的销售流程，如果是新客户，我们必须在系统中录入完整的客户信息，经过审查后，才能在其名下开设账户进行后续合同签订，但是这会让急需签单的客户无法在短时间内完成交易。例如，如果客户周五联系销售签单，即使当天在系统中建立新客户的档案，最终审批通过一般也要到下周二左右，就会延误时间引起客户不满……

在这段话中，汇报者其实是举了个例子，因为除了关键信息外，这个事件中几乎没有什么详细的情节，和我们理解的故事有着本质的区别。

如果换成讲故事，可能是这样的：“根据我们的销售流程……无法在短时间内完成交易。上个月我好不容易说服了一个新客户同意签单，这家公司我跟踪了好几个月才打开局面。结果那天正好是周四，我赶紧回公司在系统里建立了档案，再打电话询问最快什么时候能审批通过。结果审批部告诉我因为同事休假，这个单子要到下周的周二才能审批结束。我把这个消息告诉了客户，客户直接扔了句话给我‘什么公司派头这么大，如果明天不能签单，那就不用来了’。就这样辛苦跟了好几个月的单子黄了，所以目前的流程对我们的影响特别大……”

“故事”要比“案例”生动，所以也更能打动人心。在汇报中究竟用“故事”还是“案例”，是由汇报时长来决定。时间充裕就讲故事，时间不足就举例子。

第二种原因：故事缺乏形象生动的元素，平淡乏味

在故事中使用好故事三大元素，能够激活听众大脑中的视觉、听

觉、感觉功能区，最终产生情绪的调用，实现共情和共鸣（见图 7–8 所示）。

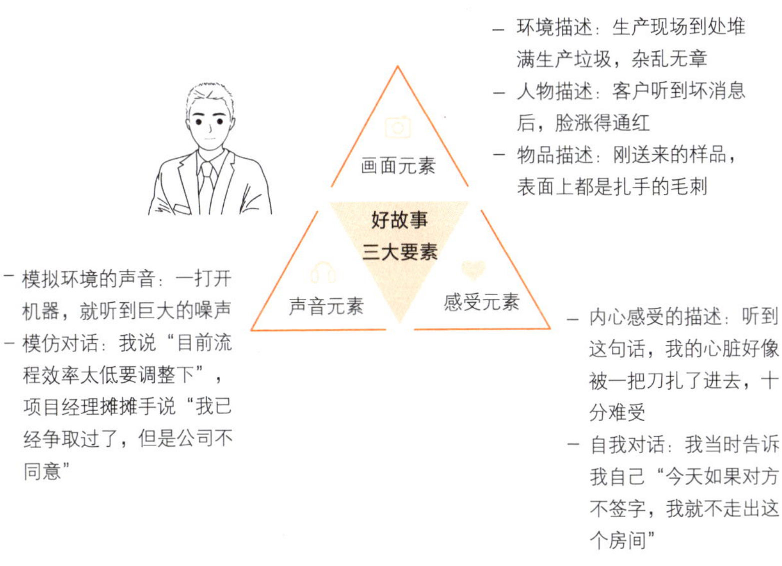

图 7–8　好故事三大要素

好的故事，本质上是在听众心中制造“快乐”和“痛苦”，让对方产生向前或向后的念头。

当然，我们也无须过分夸大故事在汇报中的作用。毕竟在真实的汇报中，占比最大的还是左脑的理性分析。右脑的感性故事占比很小，往往充当关键的“临门一脚”。

运用心理学技巧，潜移默化影响人心

无论在生活中还是工作中，一个人的心理活动对其产生的影响，远超过我们想象。小时候我曾读到过这样一个故事，说把一个人的眼睛蒙起来，手绑在椅子的扶手上，并告诉他接下来会把一块烧得通红的烙铁放在他的手腕上，看看他会有什么反应。其实最终放在实验对象手腕上的是一个冷冰冰的硬币，但他手腕上居然出现了被烫伤后才会产生的水泡。

虽然这个实验的真假有待考证，但是我们确实能运用心理学技巧影响他人。

我们来介绍几种与汇报有关的心理学原理或技巧。

马斯洛需求原理

由哈佛大学心理学教授亚伯拉罕·马斯洛于 1943 年提出。马斯洛认为人类潜藏着五种不同层次的需求，自下而上分别为：生理需求、安全需求、归属需求、尊重需求和自我需求。

当低层次的需要基本得到满足以后，它的激励作用就会降低，其优势地位将不再保持，高层次的需要会取代它成为推动行为的主要原因。高层次的需要比低层次的需要具有更大的价值。

了解了马斯洛需求原理，就可以预判汇报听众的需求。有的汇报内容与听众关心的维度（如绩效）直接挂钩，对方对这件事的关注度一定非常高，我们可以利用这个机会强化说服。而有些汇报内容对听众影响不大，则对方做出改变的动力也会不足，这时候我们要学会把汇报焦点转移到对方更关心的维度上。

快乐和痛苦的力量

痛苦和快乐是人们采取行动的源动力，但是到底是“逃避痛苦”

的力量大，还是“追逐快乐”的力量大？

对于大部分人来说，逃避痛苦的心理动力远大于追求快乐的心理动力。心理学家卡尼曼和沃特斯基共同提出的“前景理论”（prospect theory）可以很好地解释这一现象。卡尼曼本人也因此获得了 2002 年的诺贝尔经济学奖。

前景理论认为人们是基于损失和获益的潜在价值来做决策的，而大多数人对损失和获得的敏感程度不对称，面对损失的痛苦感要大大超过面对获得的快乐感。

假设有一个抛硬币的赌博游戏，抛到正面为赢可以获得 50 000 元，反面为输将失去 50 000 元。请问你是否愿意赌一把？

大量类似实验的结果证明，多数人不愿意玩这个游戏。因为人们对“失”比对“得”敏感。想到可能会输掉 50 000 元，这种不舒服的程度超过了想到有同样可能赢来 50 000 元的快乐。

在汇报的过程中，我们要学习更多利用“失去”的力量，而不是“得到”的力量。更多地去讲“如果不做这件事，可能会失去哪些”来影响汇报听众，让他们在“失去的痛苦”中做出决定。

让对方说“是”的心理学技巧

在汇报中如何能快速让对方同意我们的建议和方案？

关于说服技巧，让我印象最深的莫过于影响力教父、美国知名社会心理学家罗伯特·西奥迪尼所写的畅销书《影响力》。

西奥迪尼倾其职业生涯研究影响力，在说服和谈判领域享有广泛的国际声誉。他经过多年研究，积累大量实验结果，找到了影响说服的六大心理学武器，分别是：互惠、喜好、社会认同、权威、稀缺、承诺和一致。

互惠。当我们从别人那里获得好处时，下一次如果别人向我们求助时，我们会因为“吃人嘴软，拿人手短”而不得不帮助对方，这就是最基本的互惠原则。

如果我们希望自己的汇报获得对方支持，可以先主动帮助对方解决一些问题，然后利用互惠原则让对方在另一些事情上配合我们。

有种特殊的互惠叫作“互惠式让步”，就是先要求一个大的目标，当对方拒绝后，退让一步要求一个小目标，通常对方更容易同意第二个小目标。比如，你的孩子要买生日礼物，先要求买一辆很贵的自行车，你不同意。你的孩子说：“那好吧，既然自行车不能买，那就帮我买个便宜一点的游戏机吧。”在你看来孩子已经退让了一步，现在应该是你退一步的时候了，就答应了他。但很有可能孩子原先的目标就是游戏机，只是运用了“互惠式让步”的招数。

喜好。人总是喜欢接近自己喜欢的东西，远离自己讨厌的东西。如果让对方对你产生好感，那么接下来你提出的要求就更有可能被认同。

在汇报前，我们要和希望影响的人经常保持沟通，互通信息。一起吃个饭，喝个咖啡打个球，都可以建立起“喜好”。在汇报中，我们不要一上来就给对方制造压力，而要营造和谐的氛围，多称赞夸奖对方。

社会认同。社会认同其实是一种“从众心理”，当我们不确认某个行为是否安全时，我们会先看看身边的人如何行事，再确定下一步行动。

在进行汇报时，汇报者可以多举一些成功案例，或同行业同类型用户的故事，增强说服力。

权威。如果你的听众不相信普通人的故事和案例，我们可以换种方法，让对方相信“专家或权威”的意见。

普通人对“专家或权威”的意见抵抗性是非常差的，因为在一些我们不太熟悉的领域，我们更相信权威专家的意见和建议。

在汇报中，我们需要向汇报听众证明我们的方案是来自“权威人士”的建议和意见，我们提供的数据来自权威渠道，这样才能容易获得认可。

稀缺。“物以稀为贵”，制造一定程度的稀缺，可以让人立刻进行决策，采取行动。

在汇报中，我们可以去强调“稀缺”或制造“稀缺”。比如，在内部汇报中强调当下是最好的实施时机，错过了再做就难了；在外部汇报中强调目前有价格优惠政策，时间一过就恢复原价了。这些稀缺策略都会让听众因恐慌而采取行动。

承诺和一致。在社交规则中，我们都要对自己的言行负责，一般承诺的事不会轻易“打脸”否认。

当我们预期在汇报中很难让对方配合做一次较大的行动时，可以先要求对方承诺向前走一小步，每走完一步再要求下一个小承诺，依此类推最终接近期望的目标。

比如，跨部门工作中对方不愿意出人出力，第一次可以只要求提供少量支持，等项目有一定结果，再基于之前的成果要求更大的支持，步步为营，实现最终目标。

心理学技巧并不是歪门邪道，只要我们不以欺骗为主要目的，合理使用这些技巧，完全没有问题。

视觉呈现：制作专业的汇报材料

从进入职场的第一天起，我们几乎每天都在制作各种汇报需要的材料。

我最初是用字处理软件（如 Word、WPS）制作报告、工作小结，之后开始设计图文丰富的幻灯片（如 PPT）用于会议或培训，再到学习如何用制表工具（如 EXCEL）制作复杂的数据图表来做汇报。

相信每个人在制作专业汇报材料方面的能力都在不断成长。

汇报材料的质量至关重要，它既可以让汇报变得轻松得心应手，也能体现制作者的职业化素养。优秀的汇报材料就像艺术品，展示个人的专业和企业的形象。

在制作汇报材料方面，除了要学习掌握各种软件外，也要避开一些陷阱。

缺少与主题相关的内容信息。当你拿到一份汇报材料时，如果没有标题也缺少提示，会让人丈二和尚摸不着头脑。在汇报材料上，要具体写明与汇报主题相关的提示信息，如“关于 ××× 的项目汇报”

等字样，让接收人第一时间了解情况。

缺少提示资料间上下逻辑关系的标识。如果你提供的是好几份汇报资料，那么请为这些资料设置体现逻辑关系的标识，比如目录、过渡页、页码、页眉页脚等。

汇报资料里存在较多错误信息。汇报资料是正式的文件，如果出现错误，就会显得非常不专业，还会引起误解。资料里常见的错误一般包括错别字、数据错误或者意外错误。

对于错别字，最好在输入完毕后做一遍校对工作，尽量确保不会出现低级错误。

对于数据错误，要善于观察和发现，因为有些错误其实很明显的，比如“面馆从 8 月 4 日开张，预计营业至奥运结束……每天的消耗量大概在 400 多盒……我们从国内空运来 1.5 万吨方便面”。这里面方便面的数量明显弄错，应该是 1.5 吨而不是 1.5 万吨。

有时错误是意外导致的，较难预料。有一次，字处理软件自动把一个专业术语纠错为另一个单词，闹了个笑话。

排版得当，设计大气。排版对于汇报材料来说非常重要，好的排版可以让材料阅读起来轻松抓住重点，又不会造成疲劳。尤其是图文的混排，非常有讲究。

材料的设计感也能提升整体的档次。很多公司的汇报资料的设计依然还是停留在十几年前的风格，比如用一些当时很流行但现在看来挺难看的“剪贴画”，色彩搭配五颜六色，让整个汇报材料看起来很“土”。

通常汇报材料的制作要用到字处理软件、幻灯片软件和数据图表软件，我们就分三个维度展开介绍。

巧用字处理软件制作汇报文档

字处理软件（如微软的 Word、WPS 中的文字功能）的优势，就是制作以文字为主的汇报材料。

这里我们重点介绍一下制作汇报材料中的注意事项和一些小技巧。

原则一：清楚明确文档要求，拒绝走弯路

不同的汇报有不同的制作要求，如果在制作前没有弄清楚这些要求，就会白忙一场。

我有个朋友在建筑公司负责制作招投标文书。有一次他去现场投标，总共三家单位，他们公司优势最明显，获胜概率最大。结果提交投标书后，随行的一位同事突然想起来有一份资料的某个格式并没有按照投标要求进行修改，导致标书可能直接作废。但为时已晚，因为封存的投标书是不能再打开修改的。因此，汇报材料必须按照要求来制作，具体包括：文件名、标题、字体样式和大小、行间距、装订要求等。

原则二：言简意赅，控制长度

由于字处理软件制作的汇报材料大部分都是文字，而文字在阅读时的友好度是最差的，所以汇报材料要言简意赅，控制在合理的长度内。

如何对文字进行删减？可以从两个角度入手（见图 7–9 所示）。

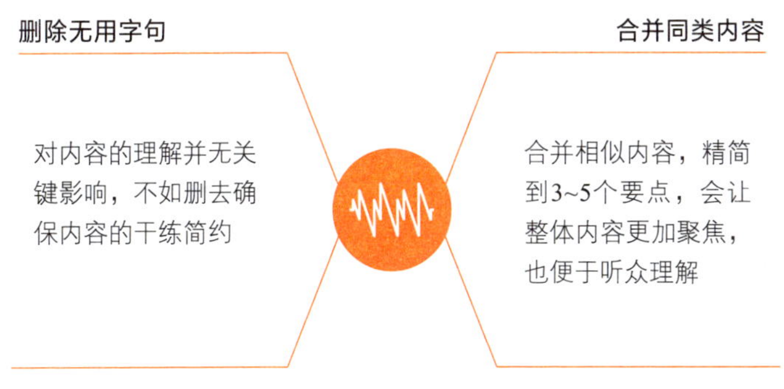

图 7–9　删减文字的两个角度

例如，在汇报市场营销策略时，会涉及产品设计感弱、渠道支持力度低、产品名称记忆点不强、价格比竞品高不少、促销活动前期宣传不到位、针对不同渠道价格不一致等问题。如果可以按照“市场营销 4P”模型，合并为产品、价格、渠道、促销四个维度，就更精简了。

文字型汇报材料的制作

文字型汇报材料最关键的技巧是排版。排版又分为全文字排版和图文混排。

对于**全文字排版**，如何排版才能既清楚又美观呢？我们可以借鉴杂志或报纸上文字的排版方式。即便文字很多，杂志和报纸依然可以呈现出整齐美观的视觉感受。

其核心关键在于几个排版的小技巧：分段展示逻辑，小标题分隔和总结，对齐文字。

大段的文字如果不分段，会让单段内容中的文字容量过大，不利于听众理解。适当为文字进行分段，既可以减少每段文字占据的行数，也可以体现段与段之间的逻辑关系。

同时，为大段文字提炼出一个言简意赅，总结文字内容的小标题。有了小标题，我们甚至不需要先去了解后续文字的内容，就能大致知道在讲什么。

当文字和段落特别多时，要善用对齐工具。这也是为什么有时候看杂志碰到大段文字时，阅读起来依然不会有很大压力。

图文混排则是在相对枯燥的文字中插入图片，可以增加视觉上的变化。要想合理安排图文混排，可以把图片设置为“环绕”或者“浮在上层”。

“环绕”就是让文字自然地围绕在图片边上，产生混排效果。“浮在上层”是指图片和文字不在同一层上，图片在文字上层，这样图片可以放在任何你希望放的位置上。这时就需要对文字进行处理，使其看上去能自然地与图片相互结合。

还有一种比较便捷有效的排版方式，就是运用表格进行排版。插入合适的表格，把内容放在相应的单元格中，调整好大小。如果希望排版后页面比较干净，不出现太多的表格框线，可以在排版完成后，把表格框线设为“无”。

设计美观专业的汇报幻灯片

幻灯片（也叫 PPT，用微软的 PowerPoint 或 WPS 里的演示功能制作）是如今汇报中最常见的一种材料，虽然亚马逊的创始人不允许开会用幻灯片，但是其使用频率还是极高的。

幻灯片制作的三个误区

弄错风格	无脑复制	风格过时
许多人追求设计出艺术感强、美观大气的幻灯片，其实是本末倒置。演讲型风格更适用于大型商务演讲和发布会，并不适合日常汇报。	汇报文字事先做好后，不要只是简单找个模版，把文本复制粘贴过来，不做任何优化调整。这种无脑复制会让汇报材料看上去很“惨淡”。	用了不合适的模版，妆点了太多颜色，用了不恰当的字体或图片，都会让最终的幻灯片成品变得难看，并且无法体现出专业度和企业的品牌感。

其实，要做出专业的汇报幻灯片，只需要掌握以下几个重要的技巧。

合理运用优秀的模板

如果希望高效地制作幻灯片，最快的方式是用好模板。如果能找到优秀的模板，就可以事半功倍了。

大部分企业有自己专用的幻灯片模板，我们就可以直接套用这些模板。

大企业一般对幻灯片的样式都会有较严格的要求，依据企业的 VI 手册（规定了企业官方的 LOGO、字体、颜色等）制作好相应的模板，套用到我们需要设计的材料上就可以了。通常企业不允许员工随意修改这些元素，必须严格按要求进行使用。

如果企业不提供官方模板，我们可以去寻找或下载一些优秀的模板。

网上有各类平台提供幻灯片模板，有付费的也有免费的。在使用这些模板时，要注意保持页面风格和色彩一致。有的幻灯片制作时会借用好几个不同的模板，颜色和风格各不相同，还可能和本企业的模板风格相冲突。

这样的汇报文件明显不够专业，需要进行手工调整，把相冲突的颜色调成和企业色调相似的颜色，元素风格也尽量改成一样，让汇报文件从头到尾保持稳定一致的风格。

掌握神奇的图形工具

在汇报的内容页面中，有一类页面称之为“关系型页面”，就是页面上的元素和图形基本上按照一定的逻辑关系进行排列，包括并列关系、递进关系、循环关系。这样的页面在汇报材料中占了很大的比例。

如果我们已经准备好文字内容，可以按照以下四步流程来完成制作（见图 7–10 所示）。

图 7–10　关系型页面制作步骤

最后一步配置图形时，我们借助软件自带的参考图形，可以大大提升效率。

比如，在微软的 PowerPoint 里，有个强大的工具叫 SmartArt，可以快速将幻灯片里的文字转换为图形；而在 WPS 里，也会提供一些推荐的图形样式，轻轻一点就可以完成了。

学会四步优化幻灯片

有的幻灯片做好后，我们总觉得不美观、不专业，如何去对幻灯片进行优化呢？你只要按照表 7–3 的四个步骤去调整优化就可以了。

表 7–3　　幻灯片优化四步法

步骤	具体细节
第一步：统一字体	幻灯片字体控制在 1~2 种，多用无衬线字体（如黑体），少用衬线字体（如宋体），注意字体版权问题。
第二步：调整颜色	幻灯片颜色控制在 2~3 种，尽量和企业模板颜色一致，少用纯黑或过于亮丽的颜色，深底色配淡字体，淡底色配深字体。
第三步：优化版面	合理排版，排版原则：对齐、对比、聚拢、重复，学会对齐工具。
第四步：添加配图	为页面添加合适配图，图片质量较佳、风格一致、契合主题。学会使用剪裁、抠图、添加效果等工具。

要想做出专业的幻灯片，第一要多去观摩一些优秀的汇报幻灯片，分析优点，取长补短；第二要多实践多练习，熟能生巧。

掌握图表关键，画出简洁图表

关于数据以及图表的使用，在前面的章节已经有所介绍。

如今制作图表的软件越来越丰富，除了我们常用的微软的

EXCEL、WPS 里的表格功能外，也有越来越多的数据分析工具可以承担起绘制图表的重任。比如，比较有名的有 Power BI、Tableau、Python 等，以及国内一些第三方软件或平台。

这里我们简要分享一些运用图表工具制作图表的心得经验。

如何复制图表到幻灯片中

当我们在图表工具中制作完图表并试图粘贴到幻灯片中时，有时会发生这样的情况：图表的颜色和样子都变了。到底发生了什么？原来当你将图表复制到幻灯片时，幻灯片会决定让你保留图表原有的样式，还是使用幻灯片自带的样式。如果你不选择，就会默认用幻灯片自带的样式，样子自然就发生变化了。

这里的诀窍是：当你完成复制的时候，图表下方会有一个“剪贴板”的选项，上面有“保留源格式”还是“使用目标主题”的按钮，我们选择“保留源格式”，就可以让图表恢复到原来的样式。

除了这两个选项外，剪贴板上还会多出另外两个选项“嵌入工作簿”和“链接数据”。选择第一个选项时，会把图表的数据源文件嵌入到幻灯片中，也就切断了它与外部的联系。如果选择第二个选项，则相当于在图表和外部数据源中建立了长久的链接，只要外部数据进行了更新，幻灯片中的数据也会相应更新，图表就会被重新绘制。

还有一个变通的捷径，就是在复制图表时选择“粘贴成图片”，这样图表就变成了图片。好处是图表样式不会再改变，坏处是无法再做任何修改，比较适合准备时间紧迫或汇报内容后续不准备调整的情况。

如何优化图表信息		用好图表组合
- 去掉图表的背景网格线； - 简化坐标轴（没有用的坐标轴可删除）； - 去掉无用标签（删除图例，把数字或文字直接标在具体的图形上）； - 调整颜色强化重要数据添； - 加注释符号强调图表的整体趋势和关键部分。	⟷	- 当想要呈现的数据较多，又希望能在一页上全部展示时，可以用多个图表组合的方式； - 也可以采用目前流行的仪表盘样式，把图表合理划分区域设置好布局，确保从整体看上去是一张完整的大表。

事半功倍：用 AI 工具提升汇报效率

从我进入职场开始做汇报，整个汇报的准备流程似乎没有发生过太多变化，唯一变化的可能就是随着办公软件（如微软的 OFFICE 系列、WPS 等）的不断升级，设计出的汇报材料变得越来越美观专业。

然而，这几年人工智能（AI）的出现开始颠覆整个世界，也改变了我们准备汇报的方法。

与职场相关，能快速提升工作效率的是人工智能生成内容（AIGC）。通过对大模型投喂数据进行训练，AI 产生的内容会越来越真实，越来越接近使用者的需求。

比如，现在我们可以通过 AI 平台生成工作中所需的内容，收集重要信息和数据，分析文本和视频的中心思想，根据要求自动生成图片、幻灯片、音频、视频甚至音乐。

当年互联网技术刚出现时，我也曾选择视而不见，觉得上个网有什么意思，不愿意去了解和接受。直到发现新技术开始改变一切时，才后悔学得太晚。

如今，AI 技术又将改变我们的工作方式，很多重复性工作可以由 AI 来进行。要想不被时代和新技术淘汰，我们必须抓紧学习 AI，了解和掌握它，最终成为能够轻松驾驭它的人，只有这样，才能为你的职场发展建立起牢固的护城河。

了解 AI 的使用特点，熟悉 AI 平台

在介绍如何用 AI 提升汇报效率前，我们还是先来了解下 AI 的基本特点和使用原则，以及目前主流的一些 AI 平台和它们的功能吧。

了解不同的 AI 平台

使用 AI 提升工作效率的第一步，是先明确你想用 AI 工具来实现什么功能，然后选择合适的 AI 平台或工具。

表 7–4 简要介绍常用的 AI 平台（以国内为主），及其目前能实现的功能（截至目前）。

表 7–4　　常用的 AI 平台（以国内为主）

大模型（是指拥有超大规模参数和复杂计算结构的机器学习模型）	
DeepSeek	由深度求索公司开发，目前主要功能包括：信息查询与解答、语言翻译、文本生成与编辑、数据分析与洞察、任务管理与提醒、学习与教育支持、娱乐与互动、技术支持与问题排查、个性化推荐、情感支持与陪伴等

续前表

大模型（是指拥有超大规模参数和复杂计算结构的机器学习模型）	
ChatGPT	是由人工智能研究实验室 OpenAI 开发的对话 AI 模型，目前主要功能包括：自然对话能力、知识库、多语言处理、文本生成、摘要生成、翻译、代码生成、个性化助手
KIMI	由月之暗面公司开发，目前主要功能包括：长文总结和生成、联网搜索、数据处理、代码编写、翻译等。KIMI 中整合了 AIPPT，可以快速制作幻灯片
豆包	由字节跳动开发，目前主要功能包括：聊天机器人、写作助手、英语学习助手、搜索、阅读提炼。豆包中整合了图片生成和音乐写作功能
文心一言	由百度开发，目前主要功能包括：智能问答、语音合成与多语言支持、创作与生成能力
讯飞星火	由科大讯飞开发，目前主要功能包括：语言理解和生成能力、知识查询等
通义千问	阿里云开发，目前主要功能包括：自然语言理解、内容生成、编程能力、翻译服务、文本处理、图表制作
办公工具	
幻灯片和演示	AIPPT、美图 AIPPT、iSlide AI 讯飞智文、爱设计 PPT 等
表格数据处理	酷表 ChatExcel、办公小浣熊、AjeliX、Sheet+、EXCEL Formularizer
会议工具	听悟、听脑 AI、百度如流、飞书妙记
图像生成	Midjourney、秒画、美图 AI、堆友 AI
视频生成	智谱清影、SORA、Pika、即梦 AI、星火绘镜

由于 AI 平台和工具每天都在不断涌现和消失，功能也在不断升级，如果大家需要了解最新的情况，可以上网去具体搜索。

AI 使用的关键是提出正确的要求

由于目前大部分 AI 功能还是用来生成内容，所以如何向 AI 提出正确的要求，才是使用的关键。

有的时候我们问的问题，使用的参数不对，AI 会生成完全不符合条件的内容，甚至夸张到无法想象。

因此，针对不同平台，我们都要学好它的提示词 / 指令（Prompt），才能正确发问。

AI 是通过大量数据来进行训练的

AI 的底层逻辑是机器学习、深度学习，所以它需要获得更多数据来进行训练，才能让核心模型产生的内容接近我们想要的。

如果你对用 AI 第一次生成的内容不满意，千万不要就此放弃，要继续用更多数据来“投喂”它。数据越多，训练越多，生成的内容质量也越高。

目前，还可以把真实的数据“投喂”给 AI，让它帮你分析和归纳总结，这个功能在汇报中很实用。

AI 生成的内容并不完美

随着 AI 功能的越来越强大，很多人觉得可以把工作完全交给 AI 了。我个人觉得这样的想法其实比较危险。

一方面，AI 目前生成的内容并不完美，尤其当我们不太会使用提示词或指令时，生成的内容多半不能直接拿来用，还需要我们亲自去调整修改。

另一方面，即便 AI 生成的内容已经很完美了，我们也依然不能放弃自我思考的过程，毕竟我们也有很强的大脑，如果不对它多训练，大脑也会变迟钝。

一句话，我们要成为能够驾驭 AI 的人，而不是被 AI 绑架的人。

注意数据安全和隐私

在使用 AI 的过程中，还是要注意数据安全和个人隐私的保护。由于目前大部分 AI 平台都是由外部公司管理运营的，产生的所有信息理论上都会保存在对方的服务器上。尤其有些功能是需要把信息文件上传到平台，让 AI 进行训练的，这些文件是否会涉及企业机密或个人隐私，要特别谨慎小心。

目前，AI 技术和应用呈指数级爆发，所以我们要保持一颗学习的心，不断了解最新的 AI 动向，掌握有助于提升工作的 AI 技能。

掌握用 AI 提升汇报效率的方法

我们来介绍一下，如何用 AI 工具提升我们做汇报的效率。基于目前的 AI 功能，我们可以从以下几个维度入手：

利用 AI 推荐合适的汇报结构

在汇报中，最直接可以借助 AI 完成的，就是让它提供一个合适的汇报框架。

前面，我们也为大家介绍了不少汇报场景和参考框架，但是碰到没有做过的汇报，或需要更细的框架细节，AI 确实可以帮上不少忙。

在向 AI 提出要求时，要用对提示词，不要只是简单提出类似这样的问题："请提供一个年终绩效汇报的参考框架。"

虽然 AI 也会给你答案，但答案和你想要的会有较大的差距，因为你没有给出清晰的指令。

在运用 AI 指令时，我们可以借助 COSTAR 结构来提问，包括六个要素。

- C：背景信息（Context）
- O：目标任务（Objective）
- S：写作风格（Style）
- T：情感语调（Tone）
- A：目标受众（Audience）
- R：输出要求（Response）

根据这六个要素，你的问题可以改成这样："我是一家大型汽车生产企业的生产主管，需要在年底面对公司高层完成一次正式的绩效汇报，请以我的角度提供一份年终汇报的参考结构，其中要加入量化的维度……"

你的提问越清晰，要求越具体，就越能获得你想要的答案。

利用 AI 撰写部分汇报内容

汇报的内容，我们通常需要按照自己的思路去撰写。但是碰到比较难写的部分，也可以让 AI 辅助。同样，要求 AI 撰写具体内容时，还是要提出符合 COSTAR 结构的要求。比如：

"我刚买了一台索尼 A7M4 的相机，之前从未使用过这类专业数码相机，无论是摄影的理论知识还是相机的功能参数，我对这方面的知识储备几乎为零。请你帮我写一篇详细的 A7M4 使用教程文档，让我能快速掌握相关理论知识并上手使用。参考科普帖子和产品说明书的风格，用平稳冷静客观的语气阐述，尽可能用相机小白听得懂的文字描述。最后，请结构化输出详细的文本，不少于 3000 字。”

利用 AI 提炼参考材料要点

在准备一些汇报时，我们要收集许多复杂的数据资料，还需要通过大量阅读来找到这些资料中的核心关键，这个时候 AI 就可以助我们一臂之力。

你可以把资料发给 AI，让它根据要求提炼中心思想，整理关键要点，甚至对里面杂乱的信息数据进行排序，做成表格等。

利用 AI 生成幻灯片或配图

现在很多 AI 内容生成平台，也附带了直接生成幻灯片的功能。

有了内容，只需要按一下按钮，AI 会根据理解，帮你把内容分到不同的幻灯片页面上，并配上精美的模板，自动对文字进行排版。只用不到 1 分钟的时间，一套十几页的幻灯片就完成了。

不过由于目前技术还不完善，这些幻灯片在细节上还存在不少问题，需要我们手工再做些微调，才能用于正式的汇报场景。

对于幻灯片中要用到的图片，有时候我们很难找到最合适的，或者要花钱去购买有版权的图片。现在把你对图片的要求用提示词的方式告诉 AI，它就能很快把图片做出来，有时效果会好到让你震撼。

第 8 章

打造气场，增强汇报的影响力

同样是面对听众汇报，有的人挥洒自如，有的人却紧张万分，到底是为什么？

人们往往把这些表现归因于“气场”这个词。气场是指一个人的气质对其周围人产生的影响，是对人所散发的隐性能量的描述。

人越顺应自然规律，气场就越大；越背离自然规律，气场就越小。这句话道出了气场的真谛，就是让人的身心符合当下的环境。

汇报者在汇报中需要表现出坚毅、专业、热忱、谦虚的状态，对于汇报听众要尊重、倾听、关注和保持耐心。如果汇报者从内心情绪到外在动作都顺应了当下的环境，并展示出以上这些状态，就已经成功地建立了自信的气场。

影响自信的因素有很多，内在因素有个人的性格、思想、情绪，外在因素有身份、能力、阅历等。而决定一个人在汇报中是否能自信，有两个关键要素：对汇报内容的把握，以及对自我状态的认知。前者可以通过汇报前的设计准备来实现，而后者则需要借助自我心理建设来达成。

无论是面对领导还是面对客户汇报，都应该慢慢学会把汇报场合想象成为自己展示个人能力和魅力的舞台，你就是这个舞台上的主角！

有一年，我去新加坡出差，负责汇报中国区的人才和培训发展情况。客观来说，中国区的人才和培训发展基础薄弱，相比其他国家差距很大；同时我的英语口语也不是最好的。作为汇报者，当你无法改变客观情况时，能做的就是不要在别人面前自惭形秽，而要做好充分准备，自信客观地做好展示。

出差前我花了大量时间设计汇报的内容，反复练习英语表达，同时也不断给自己增加信心。到正式汇报的那一天，开场我先播放了一段精心挑选的名为《15 天造出 30 层酒店》的短视频，然后告诉大家“这就是中国目前的发展现状，充满了机遇和挑战”。这个视频一下就吸引住了听众，也激发了他们急切想了解中国业务状况的兴趣。

之后，我的汇报进行得非常顺利，得到了大家的一致好评，我也结识了不少热情的同事。

如果说那一天是什么让我能够成功完成汇报，我想就是我内心对自己工作的肯定，以及强烈的自信。

摆脱汇报时的紧张感

作为汇报者，你需要向汇报听众展示自己的专业和自信。作为一名演讲教练，我经常看到很多朋友在正式汇报场合过分紧张，语无伦次，最终导致汇报以糟糕的结局收场。

汇报小案例

小刘作为团队主管，今年带领团队完成了不错的业绩，部门领导也很认可。下周二，部门领导要在大领导面前进行部门整年表现的汇报，领导希望小刘作为汇报小组的一员，把自己团队的情况向大家介绍一下。

小刘知道这是部门领导给自己在高层面前表现自己、赢得好感的机会。但是她从来没有在这么多高层面前做过汇报，而且根据过去的经验，一旦面对很多人讲话的时候，她都会特别紧张。这个任务推是推不掉了，她只好硬着头皮开始准备。

汇报前小刘已经在领导面前试讲过几次，效果都还不错。结果到了正式会议上，当小刘一走进宽敞的会议室，看到公司的高层们端坐面前，一双双眼睛齐刷刷地看着他，她突然开始紧张起来，脑子里也嗡嗡的，之前准备的内容完全没有了方向，只能结结巴巴地跟着幻灯片上的字念着……

点评：汇报中的紧张情绪会大大干扰我们的汇报效果，要学习如何管理自己的紧张情绪。

不知道大家有没有在汇报中碰到过类似情况，会不会比小刘还紧张。原本准备得好好的内容，怎么到了众人面前就不敢大声讲出来了呢？是心理作用还是对内容不了解？

这种糟糕的表现还会引发后遗症：因为在汇报场合上的失态，导致大家认为小刘对工作不熟悉，能力较差，拉低了她原本在大家心中的好感。

如果面对的听众是高层领导，影响就更致命了。你好不容易有机会去展示自己的能力和绩效，结果却被不自信搞砸了，很可能就此错过千载难逢的职场发展良机。

所以，在汇报上台前，我们先要学习如何管理紧张情绪。

了解紧张来源，调整生理心理状态

有些人明明平时说话都不紧张，为何一旦站起来汇报，就开始莫名紧张了呢？身体不停地颤抖，表情开始僵硬，眼光飘忽不定，心脏快跳出胸腔，呼吸也有些急促，大脑一片空白。到底发生了什么？

其实紧张的来源只有两个：身体机制和心态影响。

身体机制

想象你在森林里露营过夜，早上当你打开帐篷的那一瞬间，看到一头黑熊正在外面找吃的，你的第一反应会是什么？是不是选择装死还是逃跑？这样的反应就是我们的身体机制在起作用，这种机制被称为战逃模式（Fight or Flee Mode），一直保留在我们的基因中。

当你碰到十分有压力的事情时，就会激发这种机制。大脑甚至不需要思考，瞬间就会给身体发出指令：战斗或者逃跑。不论你选择了哪种，身体都会立刻分泌出大量肾上腺素、肾上腺皮质醇等激素，关闭不必要的器官功能，心跳加快，血液流向四肢，做好战或逃的准备。

正是这种模式，让你在汇报前变得格外紧张。客观来讲，紧张是没有办法克服的，只能通过一些技巧减缓，让它尽快消失。

心态影响

很多人缺少汇报经验，导致准备不足。比如，对要汇报的主题不太熟悉，对汇报的听众不认识，对汇报的场地环境陌生，对自己过往的汇报经验不自信，一旦发生突发情况也不知道如何应对。

这些准备度方面的欠缺，会在你内心形成一种不安全感，最终产生心态和情绪上的影响：万一忘词了怎么办？万一听众不满意怎么办？你越想就越容易紧张。

要想管理自己的紧张情绪，除了多加练习实践外，还必须学会快速调整自己的生理状态和心理状态，让自己处于一个最佳的汇报状态。

首先，如何调整生理状态？最有效的方法就是做深呼吸。在即将上台汇报前，做几个深呼吸的动作，既可以打开身体，又能摄入新鲜的氧气，快速进入状态。

在“深呼吸”这件事上，很多人的动作其实是错误的。最常见的现象就是深呼吸时扛肩，整个胸部向上抬，这是胸式呼吸法。这样的呼吸如果过于用力，多吸几口还可能会产生缺氧的感觉。

正常的“深呼吸”应该是用“腹式呼吸法”，练习瑜伽的朋友应该比较了解。吸气时小腹（丹田）慢慢鼓起，呼气时小腹（丹田）慢慢下沉，吸气和呼气都要缓慢，不能太急。如果你还是找不到要领，可以想象“闻花香”的动作。

“腹式呼吸法”的原理是让横膈膜下沉，肺部有更大空间向下扩张，吸入更多氧气。用“腹式呼吸法”一方面可以给大脑提供更多的氧气，还有一方面通过呼吸的节奏来调整心跳的节奏，让自己从紧张的状态中舒缓下来。

调整完生理状态后，我们再来调整心理状态。许多人上台前会给自己不好的心理暗示，让自己心情“瞬间变坏”（见图 8–1 所示）。

图 8–1　应避免的消极暗示

这些内心的对话，其实是一种心理暗示，糟糕的暗示会大大影响你上台的情绪，最终影响汇报的效果。

想得越多越容易犯错，所以此时此刻，请停止你的内心戏！

如何解决这种自我内耗呢？有三个小妙招你可以试试。

妙招一：开场前转移注意力

让思想停下来最简单的方法，就是让你忙到没有时间去思考。

如果你上台前特别紧张，那开场前就不要去看幻灯片，不要背稿子，就去和人打招呼，或处理些别的事情，最终目的就是暂时关闭大脑。

等你汇报时，直接上台，开启大脑，紧张的情绪一定会少很多。

妙招二：想象成功的场景

当我要去完成一次较重要的演讲或汇报时，我通常会提早来到现场，去感受一下环境和场地状况，让自己尽早建立一种“熟悉感”。

如果现场还没有听众，我会先走到舞台上找一下感觉。我会在脑海中想象，自己正在自信地向听众汇报内容，台下的听众也听得非常投入，脸上洋溢着满意的笑容。

这种有趣的想象练习，可以帮助你在心中建立一种“心锚”，把你在台上的位置和积极正面的状态和情绪锚定在一起。只要你再次上台一站，内心就会涌现出相似的感受。

你要把汇报场地当成你的表演舞台，你要带着愉悦的心情，尽情享受这个过程。

妙招三：问自己对的问题

前面我们问了自己错的问题，把自己带到情绪的死胡同里。改变的方法很简单，继续问自己一些“对”的问题，转变思维焦点，从而转变情绪（见图 8–2 所示）。

图 8–2　上台前我经常和自己的两种对话

好的问题就像是一个探照灯，可以让你透过迷雾，看到远方的目标。

用好三个技巧，让你远离汇报紧张

除了调整生理和心理状态，在汇报中我们也可以借助一些小技巧，来减少自己的紧张感，让注意力重新回到汇报的核心内容上。

慢速开场

汇报时，开场的几分钟是最紧张的。你出现在众人面前，所有目光齐刷刷地看向你，你瞬间感到了压力。你的心脏咚咚地越跳越快，这不是你熟悉的状态，你开始感觉到不舒服，好像有蝴蝶在胃里飞。

在这种压力下，缺少经验的朋友往往会进入两种状态。第一种状态是大脑空白，完全不记得要讲什么了，这时你已经进入一种“应激状态”，无论怎么提醒你或帮你救场，你都还是会懵在那里完全讲不下去。

第二种状态是，在紧张情绪驱使下，你开始语无伦次，用很快的语速说着逻辑不太通顺的话，加入不少口头禅，所有人都能感受到你的紧张……这种情况在真实场景中更常见。

遇到这种情况，一定要记住用较慢的速度开场：“各位领导……各位同事……大家……下午好……今天我的汇报主题是……关于 ×× 项目的进度介绍……”

慢速开场的话不容易说错话，还能避免紧张情绪升级，同时也给自己争取到极短的时间窗口，来调整状态。开场说慢点，听众一般不会觉得很奇怪。等到你把紧张情绪调整到位了，再慢慢加快语速，大家也不容易察觉。

慢速不仅可以用在开场，也可以用在汇报的任何地方。一旦你发现因思路不清而有些语无伦次时，就可以降低语速来做缓冲和调整。

寻找暗桩

在汇报过程中如果没有听众和你互动，也会让你因尴尬而紧张。通常可以事先找一位熟悉的同事打好招呼，万一场面比较冷就出面互动一下，人们通常把这种角色叫“托儿”。如果到场的听众都是陌生人，那你就要去找到“临时暗桩”。

通常在汇报开讲 2~3 分钟后，现场观众的面部表情就会呈现两种情况：第一种是面带微笑，频频点头，好似听懂了一样；第二种是面无表情，冷冷地看着你，好像你讲的都是错的。

经过我的观察，这两种表情与你的汇报表现其实并没有直接的关系，只是每个人的习惯反应。但第一种明显会让你心情变好，更加自信。因此，你就要把这些听众当作你的“临时暗桩”，在汇报时多看看他们，获得心理上的安慰，消除紧张感。

巧记内容

有的汇报者特别害怕在汇报中忘记要讲什么，虽然在准备阶段已经全部背下来了，但到了汇报现场因为各种因素干扰，一下子又忘记了，内心就开始紧张焦虑起来。

对于汇报内容的记忆，我主张可以写逐字稿，但不要背诵逐字稿，重点记忆汇报主框架和关键词句。

写逐字稿是为了梳理表达的思路，让大家清楚知道汇报中要讲什么话，对于新手尤为重要。但如果汇报现场全程都在背诵逐字稿，大脑就会不断地从一个字跳到下一个字，那么汇报者讲出来的话就会显得生硬机械，也很容易中途“断片”，卡在某个字句那里。

你可以把整体汇报的框架简要地写在一张纸上，或者用思维导图的方式画在一张纸上。等你上台时，你只需要拿着这些“手卡”，需要时看一眼，就能做到胸有成竹了。

如果你是用幻灯片进行汇报，那还可以利用幻灯片中的“演示者视图”功能。

在演示者视图模式下，听众在投影幕上看到的是一页幻灯片，而在电脑上显示的则是三分屏，左侧是当前的幻灯片，右侧上方是下一页幻灯片或下一个动画效果，右侧下方是幻灯片里的备注栏。

你可以提前把每页幻灯片对应的讲稿写在备注栏里，等正式汇报时就面对笔记本电脑，边讲边参考。不过这个方法也有弊端，一旦用习惯了，你会养成汇报时一定要看电脑的坏习惯。

在汇报舞台上自信呈现

回到前面关于汇报气场的讨论。

虽然气场的形成是长期积累的结果，包括受价值观、阅历、身份、地位等因素影响。但这些要素我们很难从汇报者身上直接观察到，也无法快速复制。

如何能够像身边优秀的同事一样，在汇报舞台上做到举手投足都非常自信，能自如完美地呈现汇报内容？关键诀窍是“模仿”。

我们可以从外形和动作上去模仿有气场自信的人，做到举手投足间有他们的影子，就能实现相似的效果。

表演专业四大基本功“声台行表”课程，其实就是教演员如何在舞台上有更好的呈现效果。汇报不是表演，我们并不需要训练到这么专业的水准。只要简单借鉴，把这四个字重新调整一下，变成做好汇报呈现的四字要诀“眼音手身”（见图 8–3 所示）。

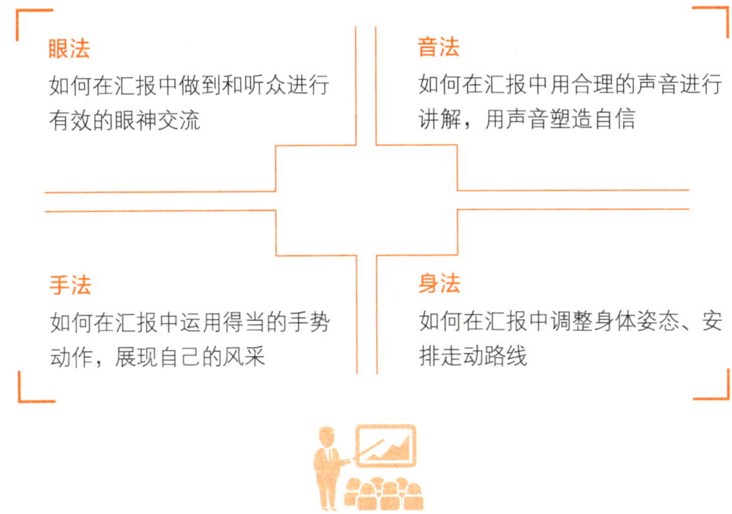

图 8–3　气场打造的四字要诀

掌握了这四字要诀，相信你也能成为一名自信的汇报者。

使用积极的肢体语言，传递热情与自信

在这个章节，我们来介绍四字要诀中和肢体动作有关的内容：眼法、手法和身法。

眼法：充分的眼神交流

“眼睛是心灵的窗户”，在汇报交流中缺少了眼神的互动，就像缺少了美酒的佳肴一样，索然无味。

如果在交谈中你的目光始终在闪躲，会给对方传达一个什么信号（见图 8–4 所示）？

图 8–4　可能的消极信号

所有这些消极信息或误解信息都是你的眼睛传递出去的，让这次沟通效果很糟糕。

表示关注：听众的目光总是落在你这里，说明他特别关注或重视你。

提高互动：和听众进行眼神交流，也是在鼓励对方进行互动。

观察反应：汇报者提出挑战性方案后，可通过眼神察觉听众的反应。

确认理解：涉及复杂的内容，可以通过眼神发现对方是否真的听懂。

表达情绪：眼神和声音及表情进行配合来传达情感，影响听众感受。

大家不妨试着录一段自己汇报的视频，观察下自己平时说话时眼神的动作习惯。好的眼神交流包括环视、点视和虚视。

在刚刚走上舞台进行汇报时，我们先要运用**环视**的技巧。也就是从左到右或从右到左环顾一下听众，既是一种打招呼的方式，也给予听众足够的关注。

当你开口汇报时，要运用**点视**技巧，随机找到现场的某个区域内的听众，用眼神交流 2~3 秒，然后移到下一个区域。点视法的关键在于照顾到所有方位，不能只盯一个方向看，看的时间也不宜过短或过长。

如果你不敢与听众直视进行眼神交流，可以运用**虚视**技巧。找到某位听众的眉心区域（就是眉毛中间的位置），盯着这个区域看上 2~3 秒。

运用虚视法时，我们只是看对方眉心没有看眼睛，所以压力不大，而对方却会以为我们在做眼神交流，达到了同样的效果。

很多汇报者讲话时眼睛会下意识地看着天花板，俗称“翻白眼”，原因通常是汇报者在“思考”或“回忆”某件事。我们要刻意调整这个习惯，让你即便在思考回忆也要和听众做好眼神互动。

手法：大方的手势动作

每个人在汇报时，会有一些下意识的手部动作，有些动作让汇报者看上去更自然，比如打开双手；而有些则让汇报者显得很紧张，比如发言时不停挠头。

手部的动作是可以通过训练来形成习惯的。好的手势可以传达信息，传递热情和自信，比如“万能手势”——切西瓜。

“切西瓜”这个手势在汇报、培训、演讲的场合中特别常见。这就是把你的手掌绷直、手指并拢，往某个方向上切下去。注意切的时候要果断快速，切到位后就悬停在原地不要东晃西晃。

“切西瓜”手势可以配合一个口诀，大家试着念念看：“西瓜可以单手切，可以双手切；可以竖着切，也可以横着切；可以切别人，还能切自己；切完以后要收刀”。

为什么最后要加一句“收刀”口诀？因为很多人一旦学会这个动作后，很容易走向另一个极端：不停在空中转动或挥舞的手掌，完全没有收回来的想法，让手势又变得零乱起来。

其实手势并无固定的章法和套路，大家可以根据自己的喜好，尝试设计一些个性化的手势。只要记住两个原则：做手势时要果断到位，做完后就要收回来。

身法：稳健的身形状态

在汇报舞台上，不少人会做出一些奇怪的动作：左右摇晃、始终面朝一个方向、重心不稳、扭来扭去等。这些小动作汇报者自己不容易发现，但会让听众觉得汇报者不够自信，不够稳重，不够专业。汇报者要谨记以下三点（见图 8–5 所示）。

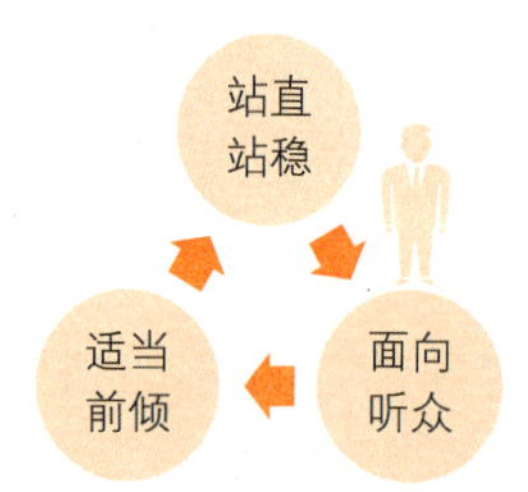

图 8–5　汇报者要谨记三点

“站直站稳”说来容易做起来难，最常见的一个现象叫作：重心脚。就是在汇报时人的重心不是平均放在双脚上，而是压在其中某一条腿上，导致你的上半身会朝一个方向倾斜。

更致命的是，站的时间长了会累，汇报者就会把重心换到另一条腿上，身体就往另一个方向倾斜，导致让人看起来非常不舒服。

要克服这个问题，建议大家把双脚呈 V 字形，脚后跟靠在一起，这样就没有办法呈现重心脚了。

“面向听众”，就是在汇报中的大部分时间，你的身体和面部要对着听众，和大家有互动交流。

在面对听众时，也不要老是对着某一侧的听众，要适当调整下方向照顾更多的听众。

在运用幻灯片进行汇报时，不要长时间把脸朝着投影幕而把背部对着听众，这样做非常不礼貌。你可以站在投影幕一侧，与投影幕有个小小的角度，确保身体大部分是对着听众的。你在需要看幻灯片时，只转动头部而不是转动身体，也能清楚看到幻灯片上的内容。

“适当前倾”，是指在面向某一些听众讲述方案或内容时，身体可以稍微前倾，表示“我在对你们讲”“我在关注你们的反应”，会和这一群听众间产生良好的互动感。

在汇报中，有意识地控制自己的肢体，做出积极的动作，就能建立起特别有影响力的气场。

学会抑扬顿挫的表达，快速吸引听众注意

在汇报中，大部分场景都是我们在“说”，别人在“听”，因此“说”的质量决定了最终的效果。

相信大家都有过这样的经历：台上汇报者滔滔不绝地在讲，台下听汇报的人昏昏欲睡。这不是我们希望看到的汇报场景，却又是最普

遍的汇报场景。

“说”的效果，一方面来自内容本身，另一方面也和我们怎么说有关。

有一次我去某个呼叫中心参观，一位同事给我播放了业绩最好的营销员的电话录音，让我大为震撼。

相同的话术，相同的产品介绍，但是经过这位营销员的口说出来，感觉就完全不一样。她的声音听上去很亲切，在交流时也完全不像在背话术，而是用很自然的语气进行表达。对于客户的反馈，也能立刻做出有效回应，而不是用硬性说服的口吻去强势推销。

听了那段录音后，我终于明白如何把话说好，也非常重要。

音法是提升呈现效果的最后一个方法，要求就是“抑扬顿挫”。汇报者在汇报时，实际上都是以一种比较平淡的语气在说话，毫无变化，缺少强调，还会加入很多无关紧要的词语，让整个汇报变得平淡无奇，听众也容易昏昏欲睡。

要做到说话“抑扬顿挫”，就需要学会调整我们的语音、语速和语气。

“语音”方面，不要嫌弃自己的声音不好听，因为音色和你的身体结构有关，很难立刻改变。况且，音色并不是决定发言效果的关键因素，有些人的嗓音条件并不好，但不影响他的发言效果。

我们要关注的是说话的音量，不能太小，也不能太大。太小的声音会让人听不清你在说什么，显得底气不足，不够自信。而太响的声音容易让人感受到压力，有被冒犯的感觉。

“语速”方面，通常一个人平时说话的速度在 140~160 个字左右，太快或太慢的语速也不合适。

不过在汇报中，我们也不能一直保持匀速前进，听久了还是会犯困的。我们要做到“忽快忽慢”，进行速度上的组合调整。

比如，汇报开场时，要慢速开场；讲到积极或者展望未来的部分，加快语速；对于难以理解的或者是特别重要的部分，再切换到较慢的语速。这样有张有弛，才能制造变化。

“语气”方面，是我们在汇报表达中要特别去强化练习的。

我们先来做一个有趣的练习，请大家试着用不同的语气（可以试着在不同的字上加重音）念出下面的这段话：我没说你偷了我的钱！我们来看几种可能的情况。

1. 我没说你偷了我的钱！当把重音放在“我”字上，意思是“有这件事，但不是我说的，是别人说的”。
2. 我没说你偷了我的钱！当把重音放在“没”字上，意思是“我没有做过这件事”。
3. 我没说你偷了我的钱！当把重音放在“你”字上，意思是“我是说过这句话，但不是说你，是说别人”。
4. 我没说你偷了我的钱！当把重音放在“钱”字上，意思是“我不是说你偷钱，是说你偷了我别的东西”。

在这段练习中，当我们用不同的语气去念同一句话时，居然可以有不同的理解意思。在汇报中，如果要把某个意思表达清楚，或把某个重点强调突出，一定要注意你说话的重音在哪里。

“语气”同时又和另一个因素有关：停顿。在重要的内容前做停顿，可以实现强调的效果，让大家对这个内容更加重视。

停顿还能帮助解决表达中最容易出现的问题——“口头禅”。之所以有口头禅，是因为我们思考的速度比说话的速度慢了，心中还在想要说什么，嘴里就开始下意识地加入“嗯”“呃”“这个”“那个”的口头禅了。

要避免口头禅的干扰，就必须慢慢养成“用停顿代替口头禅”的习惯：当你发现还没想出要说的话，却准备开始说口头禅时，立刻停下来，停顿 1 秒钟，同时赶紧思考要说什么。这样做你最初也会觉得有些奇怪，但只要练上一段时间，就能形成“肌肉记忆”，最终不再乱说口头禅了。

练习语音、语速、语气的最佳方式，是找一段范文来进行练习。大家可以试着按我们介绍的原则，读一下这段汇报文字。

汇报小案例

尊敬的领导：

本周生产部门运行平稳，完成了既定的生产计划。生产线效率有所提升，主要得益于新引进的自动化设备，减少了人为操作错误，提高了工作效率。同时，我们也遇到了一些原材料供应的延迟问题，但通过及时调整生产计划和沟通协调，确保了生产进度未受影响。安全方面，本周无重大事故发生，但有小规模的设备故障，已及时修复。下周我们将继续优化生产流程，并加强供应链管理，以减少材料供应延迟带来的风险。感谢关注，期待您的指导。

应答自如，处理汇报提问

汇报小案例

让我们想象一种场景：你面对一群重要的听众进行项目方案的汇报，汇报材料设计精美，汇报过程逻辑清晰，汇报中你还关注了和听众之间的眼神交流，用抑扬顿挫的语气把汇报变得生动，终于你完成了 10 分钟的汇报，到目前为止一切顺利。

接着进入汇报的最后一个环节：提问环节。开始几个问题还比较简单，你几乎立刻就回答出来了。这时坐在角落闷声不响的一位领导突然提出了挑战性的问题，你意识到这个问题你并没有很好的答案。

会议室里一片安静，你感觉到汗水开始从脊背上渗出。你慢慢地说出第一句话“嗯，关于这个问题是这样的……”你无力地组织着语言，之前自信的气场全无，你也可以从那位听众脸上的表情感受到，他对你的回答并不满意，刚才建立起的汇报优势急转直下……

这是一段虚拟的汇报场景，不知道大家是否在其中看到了自己曾经的影子？在汇报中因为无法有效回答提问而导致汇报狼狈结束，可能成为一直盘踞在你脑海中的梦魇。

如果把汇报分为两部分，那么前面的部分是由汇报者来掌控的，后面的部分则是由听众来掌控的。听众会问出各种问题挑战你，而你没有事先准备好答案，必须临时迎战。

调整心态积极迎战，保持你的气场不减

在工作汇报的整个环节中，提问 / 回答的部分确实是非常有挑战性的，甚至连我自己也没有十足的把握能做好每一次回答。

表面上，我只需要一个答案，但是答案的背后包含着许多看不见的东西：对方提问的意图、对方关注的维度、你对这个问题的理解、你掌握了哪些信息、你有没有策略和思路、你的领导是否授权你回答你不清楚的问题、你是否具备解决对方问题的资源等。

不能因为问题难，就轻易自乱阵脚，影响了你的自信气场。一鼓作气，再而衰，三而竭。气场是个流动的状态，一旦受影响消散了，再聚起来就很难了。

我们要学会调整自己的心态，用新的视角看待这件事。

换位思考一下，当你听完别人给你提供的汇报，汇报内容对未来的工作开展十分重要，但是你心中有一些疑惑并没有在汇报中涉及，你会不会利用最后的提问时间向汇报者提问，进行澄清？

俗话说：嫌货人才是买货人。如果在汇报结束时，没有任何人对你的汇报提出问题，倒不一定是件好事。说明要么你没把关键信息讲出来，引发听众的思考和分析，要么听众对你的汇报没有任何兴趣，只是走走过场而已。

有听众提出挑战性的问题，正说明对方认真听了你的汇报内容，而且对其中的细节有过思考。这难道不是好事吗？

这可以帮助你梳理汇报中的思路，也避免了未来如果真的开展工作后再暴露出问题。

通过思维的转变，你开始接受事实：既然提问躲不过，我就勇敢迎接！但是如果答不上来怎么办？

根据我的职场经验，真正在汇报中完全答不上来的情况，其实不多，更多的情况是答得不好，不能让听众满意。如果你对这个项目非常了解，那你要相信答案就在你心中！

几年前，我有幸参与了企业即兴戏剧的项目，开始即兴戏剧的学习和体验。即兴戏剧是一种没有剧本、没有排练的现场表演形式，参与者根据临时的建议或现场的突发情况即兴创作剧情和对话。在即兴戏剧中，“YES AND”是一个核心原则，它鼓励参与者接受并添加信息，以推动场景的发展。

YES 意味着参与者需要接受（Yes）当前场景或同伴提供的情况、角色或想法。这意味着不拒绝或否定任何已经建立的情境，而是接受它作为表演的基础。

AND 意味着在接受（Yes）的基础上，参与者需要添加（And）自己的想法、行动或对话，以丰富场景并推动剧情向前发展。

即兴戏剧的“YES AND”理念，对我有很大的启发。汇报最后的提问环节，和即兴戏剧有类似之处。当被问到一些挑战性问题时，我们先抱着 YES 的心态接受这些问题，同时基于问题给出自己的想法、答案、思路等，完成 AND 的部分。

整个过程中，我们保持着积极开放的心态，对自己的回答充满信心，调整到最佳状态。

理解提问背后的动机，见招拆招，轻松化解

在汇报中遇到听众提问，该如何运用有效的策略去回答？我们可以遵循下面的三个步骤。

礼貌回应

无论听众提出的是简单的问题，还是挑战性问题，首先都应该礼貌地给予回应。例如，“首先，感谢 ×× 领导的提问！”

有时，我们已经意识到提出的问题不简单，很容易立刻把心中的情绪挂在脸上，让听众明显感觉到你的紧张或不安。这时一定要学会控制住情绪，冷静对待。

澄清理解

在听完对方的提问后，除非是特别简单的问题，答案也很明朗，可以直接回答，否则建议大家先不着急回答，而是快速思考几个问题（见图 8–6 所示）。

图 8–6　汇报者需快速思考的问题

这些思考将有助于你给出一个更加得体、深思熟虑，而不是肤浅平庸的答案。比如，当你介绍完一个新发起的跨部门项目，希望得到各部门支持时，一位来自其他部门的主管向你发问：“这个项目后续的

时间你们是怎么定出来的？”你该怎么回答？

表面上看，对方就是问你项目介绍中提到的后续时间是如何安排出来的，那么直接的答案可能是“我们是根据项目最终预期结束的时间往前倒推，大致排出的时间表”。不过这么容易的问题应该不是对方的真正意图，我们要多想想对方为什么要问这个问题，有什么其他动机或原因。

跨部门项目中大家通常会比较关注完成的时间点。对方如此发问可能有两种考虑：（1）时间问题是否已和不同的部门沟通过，大家会不会有时间上的不匹配；（2）之后开展工作时，是否有调整时间的可能性，如果部门碰到时间上的冲突，能否帮忙解决。

如果预判到这两种可能性，我们就不能简单地用刚才的答案回答了，还需要着重做些解释和补充：“哦，刚才给大家看的项目时间表，是我们根据项目预期结束的时间往前倒推制定的，因为时间紧迫，前期也就没有麻烦大家一起来讨论了……不过这个版本只是一个初稿，今天开完会我们还会和每个部门一一碰下时间，确保不影响你们其他的项目。这个项目是比较复杂的跨部门项目，领导也表示很重视，相信后续我们也有更多的地方要协调合作，所以关于时间如果大家有任何疑问或困难，都可以通过友好协商来解决……”

第二个版本的答案，明显比第一个版本要周全得多，就是因为我们对提出的问题做了深入的思考。

有时对方问的问题中包含了一些不清楚意思的词句，我们一定要先澄清再作答：“不好意思，您刚才说的加大投入，具体指的是增加多少钱？”

另外，有些问题听上去比较模糊，你也很难判断对方到底想问什么，这时也可以反过来问对方："我能了解一下，您问这个问题，是想具体了解我们后续的项目安排，还是想知道领导层对这个项目的看法？"

最后一种情况，如果我们真的不知道问题的答案，该如何回应？最糟糕的答案，莫过于"我不知道""我不清楚"。在汇报问答环节，我们重点考察的是汇报者的态度、思路和临场反应，而不是追求答案一定要完美无缺。我们可以有策略地见招拆招，但不能立刻"投降"（见图 8–7 所示）。

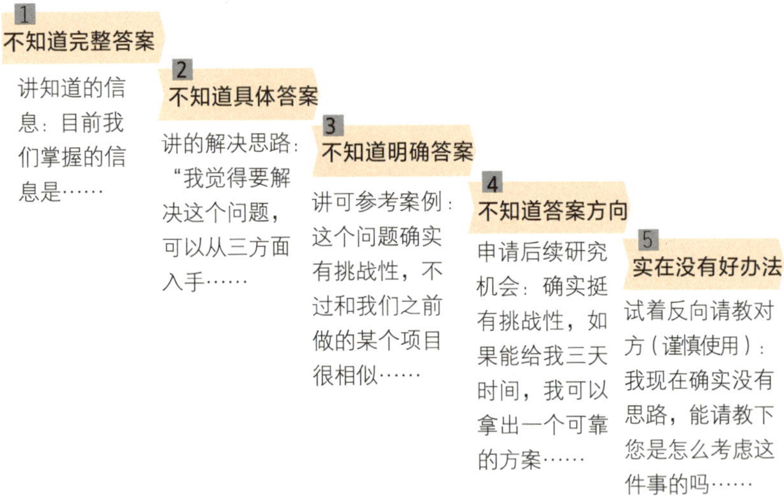

1 不知道完整答案

讲知道的信息：目前我们掌握的信息是……

2 不知道具体答案

讲的解决思路："我觉得要解决这个问题，可以从三方面入手……

3 不知道明确答案

讲可参考案例：这个问题确实有挑战性，不过和我们之前做的某个项目很相似……

4 不知道答案方向

申请后续研究机会：确实挺有挑战性，如果能给我三天时间，我可以拿出一个可靠的方案……

5 实在没有好办法

试着反向请教对方（谨慎使用）：我现在确实没有思路，能请教下您是怎么考虑这件事的吗……

图 8–7　如何应对各种问题

无论是多难的提问，关键都在于用诚恳的态度去应对，即使答案不理想，听众也能包容和接受。

后记

现在，就让我们开启汇报能力提升之旅

在撰写本书的过程中，我不断地回忆自己在职场上的成长经历，也不断地反思当年是如何一步步地从职场汇报小白，最终成为擅长汇报和表达的职场达人的。

在这个过程中，让我体会最深的是两个词："试错"和"学习"。

"试错"是一种前进的方式，就好比今天前往一个从未有人踏足过的景点去冒险，中间一定会碰到各种挑战，吃到各种苦头，最终才能走完整个旅程，这本来没有问题。但是如果能借鉴前人的经验，避开旅程中的陷阱和挑战，选择一些更安全、更平坦的道路，不是更好吗?

然而，当年在我提升汇报能力的这条路上，毫无经验可借鉴，只能摸着石头过河，过程颇有些艰辛。好在今天，我终于可以把多年的职场汇报和学习经验，汇总成这本书，希望它能成为你学习之旅中一本给力的手册，一本浓缩的宝典，助你快速改善和提升自己的汇报能力。

第二个词是"学习"，我很庆幸自己在离开学校之后，依然保持着不断学习的好习惯。正是靠着自己的学习能力，我才能够通过自己的摸索和思考，逐渐掌握了汇报的真谛，也总结出不少可以助力汇报的工具和方法。

不过学习之路永无止境，每天职场都在发生着很多细微的变化，这些变化经过不断迭代，很快就会产生从量变到质变的效果。如果我们没有保持学习的劲头，以为这个世界依然如故，等你发现身边已经不再一样时，再去追赶就为时已晚。

因此，我相信关于职场汇报的知识、技能、观念、工具、方法也会不断进化和升级，等到某一天我写的这本书可能也会过时。因此，即便有这样的参考书存在，我还是希望大家能够提升自我学习的能力，这样就可以借助“70/20/10 法则”，不断从更多的汇报理论和书籍、从身边擅长做汇报的学习楷模身上，以及每天我们真正投入去完成的每一场汇报中提炼方法，萃取经验，转化为你自己的汇报宝典。

就在我撰写这本书的过程中，一些优秀的人工智能平台突然如雨后春笋般冒出来，开始颠覆我们的认知。凭借这些平台，只要输入几个关键字，给出一些指引性的文字，人工智能平台几乎可以在瞬间就帮你从全球信息数据库中进行提炼计算，最终生成一段质量颇高的文章，一篇观点清晰的报告，甚至结合智能语音科技，把这段话如同真人般地讲出来，变成智能客服、聊天机器人、语音助手。

还有些人工智能应用可以根据提示，生成一幅美丽充满想象力的图片，或是一张数据翔实的图表，也可能是一段看上去很逼真的视频。突然间，你会发现人工智能已经开始取代我们的一些工作，或者说用效率极高的方式完成我们以往需要花费很久，而且最终结果质量一般的工作。

那么，未来的汇报在这些高科技的帮助下会变成怎样的？是不是也只需要给一两个词，点几下鼠标，人工智能就能代替我们完成高质量的汇报呢？我不得而知。

我坚信的是，即使人工智能真的可以高效地完成汇报中的大部分内容，但一定有一些创造性、需要人类智慧去解决的部分是无法替代的。一旦人工智能帮我们解决那些基础的重复性的工作时，我们就可以腾出手去做一些更高级的工作，也就是我们在职场汇报中需要做的事，也会随着技术的发展而变化。

例如，我记得我当年刚开始做培训师的时候，不是每个教室和会议室都有投影仪的（因为价格很贵，属于奢侈品），我需要把课件先打印在塑料胶片上，然后借助一个能发出亮光的仪器将其投射在墙上，借此来完成培训。

因为设备简陋，我们无法把课件做得太复杂，几乎全是文字，偶尔配些剪贴画来做装饰。投出来的内容都是黑白的，所以也不需要考虑色彩美观等因素。但是没过几年，投影仪开始流行起来，我们不再需要辛苦地去制作胶片，把胶片带在身上出去培训。这时我们的注意力就放在如何制作一些精美的高质量的 PPT 上，可以容纳更多文字和精美的图片，甚至配合一些形象的视频来提升培训效果。当然，我们的 PPT 能力就开始需要被提升。

这个例子很简单，但是它正代表着我对新技术的态度和观点。技术的出现会改变我们原有的习惯，但不会取代我们在其中的位置。它只会帮助我们减少无用的工作，反而让我们能够发掘自身真正的潜力和创造力，把原有的工作做得更好。

因此，无须担心，只要将目光放在前方，早一点启动你的汇报能力提升之旅，把它当成一次充满趣味、中途可以不断调整的马拉松长跑，关注脚下的每一步，相信最终一定会收获你想要的成果和鲜花。

最后，用老子《道德经》中大家耳熟能详的名句作为后记的结尾：千里之行，始于足下。学习无止境，遥遥千里行；一步一升华（生花），功绩在足下！

作者介绍

陆伟庆

- 20余年职场经历，曾任知名外资银行HR副总裁、著名保险公司培训经理，负责企业培训和人才发展。
- 拥有丰富“斜杠经历”，具备15年企业内训师经验，10余年演讲、主持人、音乐教育等跨界经验。
- 专注于逻辑思维、演讲汇报、视觉呈现和沟通领导力方面的研究及授课，具有丰富的实战和教学经验。
- 高效能人士的七个习惯认证讲师、DI领导力课程认证讲师、华商基业结构性思维课程认证讲师。
- 中国人民大学、上海财经大学、南京大学特邀讲师，开心麻花企业即兴戏剧合作导师。
- 东广FM90.9《职场江湖说》特邀嘉宾，国资委青年干部演讲特邀嘉宾，海油创业路演大赛指导顾问。
- 谷歌发布会演讲教练，万达集团演讲比赛指导顾问，RNG电竞活动演讲教练、东原地产“开发者大会”高管演讲教练。

北京阅想时代文化发展有限责任公司为中国人民大学出版社有限公司下属的商业新知事业部，致力于经管类优秀出版物（外版书为主）的策划及出版，主要涉及经济管理、金融、投资理财、心理学、成功励志、生活等出版领域，下设“阅想·商业”“阅想·财富”“阅想·新知”“阅想·心理”“阅想·生活”以及“阅想·人文”等多条产品线，致力于为国内商业人士提供涵盖先进、前沿的管理理念和思想的专业类图书和趋势类图书，同时也为满足商业人士的内心诉求，打造一系列提倡心理和生活健康的心理学图书和生活管理类图书。

《学会辩论：让你的观点站得住脚》

- 逻辑思维精品推荐。
- 无论是成功地进行口头或书面争辩，还是无懈可击地阐述自己的观点，并让他人心悦诚服地接受，背后都有严密的逻辑和科学方法做支撑。
- 只有掌握了本书所讲述的重要的辩论技巧和明智的劝服策略，才能不被他人的观点带跑、带偏，立足自我观点，妙笔生花、口吐莲花！

《工作动机心理学》

- 深入剖析工作背后的心理动机、行为规律和情感模式。
- 帮管理者找到激发员工内驱力的密钥，将对的人放到对的岗位上。
- 帮员工重新找回能满足其心理诉求和工作意义的自主感、胜任感和归属感。